VERENA DIAS

DAS ELTERNZEIT HANDBUCH

Wie sich werdende Eltern perfekt vorbereiten

Inhalt

LIEBE LESERIN, LIEBER LESER,

schön, dass du diesen Ratgeber liest. Ich gehe davon aus, dass du ein Kind erwartest. Gratulation!
Wie der Titel vermuten lässt, habe ich mein geballtes Wissen aus der Beratung von werdenden Eltern zur Planung ihrer Elternzeit und dem Bezug von Elterngeld hier zusammengefasst. Möglichst leicht verständlich erklärt und mit vielen Beispielen versehen. Denn so wichtig die in diesem Buch behandelten Themen für jede werdende Familie sind, so langweilig, trocken und unbeliebt ist die Beschäftigung damit für die meisten von uns.
Ich verspreche dir: Es lohnt sich. Aus finanzieller Sicht sowieso. Aber auch aus emotionaler. Wenn du weißt, was du tun musst, um dein Elterngeld in der für dich bestmöglichen Variante zu beantragen, um die für dich richtige Dauer der Elternzeit anzumelden, um bestens vorbereitet ins Gespräch mit deinem Arbeitgeber zu deiner beruflichen Rückkehr zu gehen, um alle organisatorischen, bürokratischen und sonstigen Informationspflichten rechtzeitig zu erledigen –, das alles gibt dir ein gutes Gefühl. Klarheit. Und Sicherheit. Wenn du alles Wesentliche vorbereitet und in die Wege geleitet hast, kannst du dich ganz auf die Geburt deines Babys und die Zeit danach konzentrieren. Und sie aus ganzem Herzen genießen.
Dafür ist dieses Buch da. Ich wünsche dir interessante Erkenntnisse und viel Freude bei der gemeinsamen Planung mit deinem Partner.

Alles Liebe
Verena Dias

EIN PAAR HINWEISE VORAB …

Bevor wir einsteigen, möchte ich erklären, warum das Themenfeld Elternzeit und Elterngeld so unübersichtlich und kompliziert wirkt (auch wenn es tatsächlich ein großartige Sache ist):
Mit den vielen Regelungen zur Elternzeit und zum Elterngeld hat der Gesetzgeber versucht, möglichst allen Familien die Gelegenheit zu bieten, einerseits gerade in den ersten Lebensmonaten viel Zeit mit ihrem Kind zu verbringen und andererseits den beruflichen Wiedereinstieg nach der Babypause familienfreundlich zu gestalten. Und dies unabhängig von der individuellen Lebens- und Arbeitssituation der einzelnen Paare.
Das führt dazu, dass zum Beispiel bei der Berechnung des Elterngelds, aber auch bei anderen Fragen rund um die Elternzeit, den Mutterschutz oder das Mutterschaftsgeld zahlreiche Komponenten eine Rolle spielen. Das kann etwa die Frage nach dem beruflichen Kontext sein: Bist du angestellt oder verbeamtet, selbstständig, studierend, Minijobber, Hausfrau oder derzeit arbeitssuchend? Oder die Frage nach der Krankenversicherung: Bist du gesetzlich pflicht- oder freiwillig versichert, privat oder familienversichert? Gibt es bereits Geschwisterkinder? Ist ein Elternteil derzeit noch in Elternzeit? Wirst du während des Elterngeldbezugs zusätzlich Einkommen aus einer Erwerbstätigkeit haben? All diese Faktoren und noch einige mehr spielen eine Rolle bei der Antwort auf die Frage, wie die für euch passende Elternzeit- und Elterngeldstrategie aussieht.
Zudem gab es im Jahr 2015 Änderungen beim Bundeselterngeld- und Elternzeitgesetz, die für Geburten ab dem 1.7.2015 gelten. Wenn ihr also gut gemeinte Ratschläge von Freunden und Kollegen hört, fragt bitte vorsichtshalber nach, wann ihr Kind geboren wurde, und überlegt euch nur bei Geburten nach dem 1.7.2015, ob ihr den Ratschlag annehmen möchtet.

Seit dem 17.2.2020 liegt ein neuer Entwurf zur Gesetzesänderung vor. Nach aktueller Planung sollen die Gesetzesänderungen für Geburten ab dem 1.4.2021 gelten, sofern das Gesetz rechtzeitig verabschiedet wird und in Kraft tritt. Im jeweiligen Kapitel findest du die aktuell gültigen Regelungen ausführlich erläutert sowie eine Ankündigung, was sich zukünftig ändern soll.

Hinweis für unverheiratete Paare

Wenn ihr nicht verheiratet seid: Ein Kind ist kein Grund, zu heiraten. Alles, was in diesem Buch steht, gilt für euch genauso wie für Ehepaare, mit Ausnahme der steuerlichen Aspekte und der Möglichkeiten der Familienversicherung.
Ich empfehle euch jedoch, euch schon vor der Geburt um die Vaterschaftsanerkennung zu kümmern. Dazu macht ihr einen Termin beim Jugendamt aus und erledigt die damit verbundenen Formalitäten (dazu gehört auch die »Sorgeerklärung«). Dieser Service des Jugendamtes ist kostenfrei.
Die vorherige Erledigung der Vaterschaftsanerkennung hat den Vorteil, dass Klarheit besteht und der Vater auch offiziell Verantwortung für sein (ungeborenes) Kind übernehmen kann. Vielen werdenden Müttern ist dies auch aus emotionalen Gründen sehr wichtig. Darüber hinaus ist die vorherige Vaterschaftsanerkennung die Voraussetzung

Tipp

Solltet ihr mit der **Vaterschaftsanerkennung** spät dran sein und kurzfristig keinen Termin beim Jugendamt eurer Stadt erhalten, könnt ihr einfach zum Jugendamt einer anderen Stadt gehen. Ein Notar hilft euch ebenfalls, wird allerdings für seine Leistung eine Rechnung ausstellen.

zung dafür, dass der Vater direkt in die Geburtsurkunde des Kindes mit aufgenommen werden kann.

Hinweis für Alleinerziehende

Inhaltlich kann ich dir als Alleinerziehende vorab mitteilen: Beim Mutterschutz und der Elternzeit gibt es für Alleinerziehende keine besonderen Regelungen zu beachten. Beim Elterngeld allerdings schon: Da stehen dir alle Ansprüche zu, die sonst für Paare gemeinsam gelten. Im Elterngeldkapitel ab Seite 60 findest du die Details dazu. In diesem Buch variiere ich bei der Anrede zwischen »du« und »ihr«. Einfach weil »schwanger sein« und »Eltern sein« in der Regel paarweise passiert und viele Gedanken das Paar gemeinsam betreffen. Solltest du dich als Alleinerziehende dadurch benachteiligt fühlen, ist dies in keiner Weise beabsichtigt.

Hinweise für alle Leser

Das Gleiche gilt für Regenbogenfamilien. Und für emanzipierte Paare, bei denen die Mutter primär fürs Geldverdienen und der Vater für die Familienarbeit zuständig ist.

Mit diesem Buch möchte ich euch die Planung der Elternzeit erleichtern und keine Diskussion über Werte oder Lebensmodelle führen. Dieser Ratgeber soll »für alle« da sein, unabhängig von eurem Geschlecht, eurer gewählten Lebens- und Familienform, euren Werten und Überzeugungen. Der Verlag und ich hoffen, dies mit den ausgewählten Beispielen zum Ausdruck gebracht zu haben. Aus Vereinfachungsgründen und zur besseren Lesbarkeit verwende ich keine geschlechtsneutralen Formulierungen.

Hinweis für Selbstständige

Wenn du beruflich selbstständig bist, hast du um so mehr Bedarf an Informationen und Planung, um die ersten Monate und Jahre mit

deinem Kind so zu verbringen, wie du dir das finanziell und zeitlich vorstellst: Je nachdem, ob du gar nicht, kurz oder länger mit deiner Selbstständigkeit pausieren möchtest.
Was ich dir als Selbstständige vorab mitteilen kann: Das Kapitel Elternzeit wirst du überspringen können, es sei denn, du hast nebenbei noch ein Anstellungsverhältnis oder du möchtest später in ein Angestelltenverhältnis wechseln und dann die Möglichkeit der Elternzeit kennen. Aktuell gilt für dich: kein Anstellungsverhältnis, keine Elternzeit. Für dich wird vor allem das Elterngeldkapitel ab Seite 60 interessant sein. Die Informationen zum Mutterschutz (ab Seite 10) solltest du lesen, wenn du über die KSK (Künstlersozialkasse) oder eine private Krankenzusatzversicherung versichert bist.

Hinweis für Frauen mit Beschäftigungsverbot

Eine häufig gestellte Frage lautet: »Ich bin im Beschäftigungsverbot. Muss ich etwas beachten?« Nein, musst du nicht. Egal, ob du ein individuelles oder generelles Beschäftigungsverbot während der Schwangerschaft hast, es hat keinen Einfluss auf dein Mutterschaftsgeld oder Elterngeld. Insofern gibt es für dich nichts zu beachten.

Hinweis für Angestellte, die Kurzarbeitergeld erhalten

Im Rahmen der Covid-19-Pandemie sind seit Ende April 2020 in Deutschland mehr als 10 Millionen Angestellte in Kurzarbeit. Gehörst du auch dazu? Einen kleinen Trost habe ich für dich: Du brauchst keine finanziellen Nachteile beim Mutterschaftsgeld oder Elterngeld zu befürchten.

- Wenn du im Mutterschutz bist, werden das Mutterschaftsgeld und der Zuschuss des Arbeitgebers in der regulären Höhe gezahlt. Die Kurzarbeit hat hierauf keinerlei Auswirkungen.
- Bei der Berechnung des Elterngelds wird Kurzarbeitergeld in

»normalen Zeiten« nicht als Einkommen berücksichtigt. Kurzarbeit würde also normalerweise zu einem geringeren Elterngeld führen. Die Bundesregierung hat aber kurzfristig gesetzliche Änderungen vorgenommen, damit werdende Eltern durch Corona-bedingte Kurzarbeit keine Nachteile bei der Elterngeldberechnung haben. Nun werden die Monate, die von Einkommenseinbußen betroffen sind, einfach »ausgeklammert« und fließen bei der Bemessung des Elterngelds nicht ein. Weitere Erläuterungen zu den vorübergehenden Anpassungen beim Elterngeld aufgrund der Corona-Pandemie findest du ab Seite 138.

Kapitel 1

Mutterschutz und Mutterschaftsgeld

Macht es dir Spaß, Gesetzestexte zu lesen? Wenn du zur großen Mehrheit gehörst, denen das keine Freude bereitet, kann ich das sehr gut nachvollziehen. Mir geht es genauso. Ich habe mich während der Schwangerschaft viel lieber mit den verschiedenen Kinderwagenmodellen und mit der Wahl des Vornamens beschäftigt. Auch ohne die Details von Mutterschutz und Mutterschaftsgeld verstanden zu haben, habe ich mich irgendwie durch die Anträge »gewurschtelt« und tatsächlich Geld auf mein Konto erhalten. Spätestens wenn es um das Elterngeld geht, ist das jedoch keine gute Strategie.
Welche Rolle die Krankenkasse beim Mutterschutz spielt, warum der errechnete und der tatsächliche Geburtstermin wichtig sind und warum du das alles für die bewusste Planung deines Elterngeldbezugs verstehen solltest, erkläre ich dir in diesem Kapitel.

MUTTERSCHUTZ – WAS IST DAS GENAU?

Es gibt das Mutterschutzgesetz, das für dich als werdende oder frisch gebackene Mutter sehr wichtig ist. Darin ist alles geregelt, was dich, deine Gesundheit und die deines Kindes am Arbeitsplatz schützt. Und zwar nicht nur während der Schwangerschaft, sondern auch noch einige Zeit nach der Entbindung und in der Stillzeit.
Das Mutterschutzgesetz ist vor allem für dich wichtig, wenn du erwerbstätig bist, unter anderem regelt es:

- zu welchem Zeitpunkt du weniger oder gar nicht mehr arbeiten darfst
- deine Arbeitsbedingungen und welche Tätigkeiten du als Schwangere gegebenenfalls gar nicht mehr ausüben darfst
- das Beschäftigungsverbot nach ärztlichem Zeugnis
- das Kündigungsverbot während der Schwangerschaft und die Schutzfristen vor und nach der Geburt
- das Mutterschaftsgeld und alles, was damit zusammenhängt.

Somit bist du dank des Mutterschutzgesetzes vor Gefährdungen deiner Gesundheit, Überforderung am Arbeitsplatz, finanziellen Einbußen und dem Verlust deines Arbeitsplatzes während der jeweiligen Geltungsfristen gesichert.

Für wen gilt das Mutterschutzgesetz?

Das Mutterschutzgesetz gilt für alle werdenden Mütter, die angestellt sind, also in einem abhängigen Beschäftigungsverhältnis arbeiten. Dabei ist es egal, ob du in Vollzeit, Teilzeit oder in einem geringfügigen Beschäftigungsverhältnis (Minijob) arbeitest.

Solltest du einen befristeten Arbeitsvertrag haben, der während der Mutterschutzfrist endet, dann gilt das Mutterschutzgesetz für dich nur bis zum vertraglich vereinbarten Ablauf. Kein Grund zur Sorge: Finanziell wirst du auch weiterhin unterstützt, nur anders. Weitere Informationen findest du ab Seite 23.

Bist du Beamtin, Richterin oder Soldatin?

Wenn du Beamtin, Richterin oder Soldatin bist, gilt für dich eine andere Rechtsgrundlage, unter anderem das Beamtenrecht. Um es so einfach wie möglich zu halten: Die im nächsten Abschnitt erläuterten Fristen des Mutterschutzes sind für dich als Beamtin die gleichen,

INFO

Die meisten Arbeitgeber halten sich an die **Vorgaben des Mutterschutzgesetzes**. Erfahrungsgemäß kann es trotzdem immer wieder Situationen geben, in denen es hilfreich ist, deine besonderen Rechte als Schwangere, frisch gebackene Mutter und stillende Frau zu kennen. Im Internet kannst du den Gesetzestext unter www.gesetze-im-internet.de/muschg_2018 im Detail nachlesen.

nur die Rechtsgrundlagen sind andere. Beim Mutterschaftsgeld gibt es einen wesentlichen Unterschied: Als Beamtin erhältst du während der Mutterschutzfristen kein Mutterschaftsgeld, sondern beziehst weiterhin dein Beamtengehalt von der Besoldungsstelle. Das heißt: Bis zum Ende der Mutterschutzfrist hast du keinerlei finanzielle Einbußen und du erhältst deine Bezüge, als ob du arbeiten würdest.

Bist du selbstständig oder nicht berufstätig?

Für Selbstständige und für nicht berufstätige Frauen (Hausfrauen) gilt das Mutterschutzgesetz nicht. Warum nicht? Die Antwort ist ganz einfach: Als Selbstständige oder Hausfrau stehst du in keinem Beschäftigungsverhältnis und es gibt niemanden, der dir Weisungen erteilt. Du entscheidest selbst, wann du dich ausruhst und welche Tätigkeiten du ausführst.

Ja, ich weiß, in der Realität sieht es möglicherweise anders aus. Als Selbstständige kannst und willst du deine Kunden nicht einfach ignorieren. Als Hausfrau kümmerst du dich auch weiterhin um Familie, Haushalt oder pflegebedürftige Angehörige. Immerhin kannst du selbst entscheiden, wann und wie viel du noch arbeiten möchtest, wann du eine Pause einlegst und welche Aufgaben du delegierst oder liegen lässt. Das ist dein Vorteil gegenüber Angestellten.

Auch wenn du als Selbstständige offiziell nicht im Mutterschutz bist, kann es sein, dass du trotzdem Mutterschaftsgeld beziehen kannst. Details dazu findest du im Abschnitt Mutterschaftsgeld ab Seite 23.

Bist du Schülerin oder Studierende?

Wenn du Schülerin oder Studierende bist, gilt seit Anfang 2018 auch für dich – in eingeschränkter Form mit Besonderheiten – das Mutterschutzgesetz. Sofern du ohne Beschäftigung bist, betreffen dich die Regelungen zum Kündigungsschutz nicht und du erhältst auch keine Leistungen nach dem Mutterschutzgesetz wie zum Beispiel das Mutterschaftsgeld. Im Unterschied zu Angestellten ist die Schutzfrist nach der Geburt für dich nicht verbindlich. Wenn du dies ausdrücklich verlangst, kannst du deine schulische oder universitäre Ausbildung auch während der Schutzfrist nach der Geburt fortsetzen und zum Beispiel an Seminaren und Prüfungen teilnehmen.

MUTTERSCHUTZFRISTEN – WIE LANGE UND WANN?

Besonders wichtig für dich als Schwangere sind die gesetzlich verankerten Schutzfristen vor und nach der Entbindung: Sie umfassen einen Zeitraum von sechs Wochen vor der Geburt und acht Wochen nach der Geburt. In bestimmten Fällen verlängert sich die Mutterschutzfrist auf zwölf Wochen nach der Geburt, zum Beispiel bei Mehrlingsgeburten, medizinischen Frühgeburten oder gegebenenfalls bei der Geburt eines Kindes mit Behinderung.
In den genannten Zeiträumen darf dein Arbeitgeber dich nicht beschäftigen. Als finanziellen Ausgleich für das entgangene Einkommen erhältst du für die Wochen, die du im Mutterschutz verbringst, das Mutterschaftsgeld. Dazu gleich mehr (siehe Abschnitt Mutterschaftsgeld ab Seite 21).

Urlaubsanspruch vor dem Mutterschutz

Viele angestellte Schwangere nehmen vor Beginn der Mutterschutzfrist (also noch vor den sechs Wochen vor dem errechneten Geburtstermin) die ihnen noch zustehenden Urlaubstage. Grundsätzlich hast du das Recht, diesen Urlaubsanspruch auch nach der Elternzeit zu nehmen. Viele Arbeitgeber und schwangere Frauen bevorzugen jedoch die Variante, den Urlaub vor Beginn der Mutterschutzfrist aufzubrauchen. Das hat den Vorteil, dass du als Schwangere dich schon etwas früher vom Arbeitsleben zurückziehen und dich auf deine Gesundheit und dein zukünftiges Mamadasein konzentrieren kannst. Zudem brauchst du dir keine Gedanken über noch ausstehende Urlaubstage zu machen, die du gegebenenfalls erst einige Jahre später nehmen wirst. Oder die du dir irgendwann auszahlen lässt, wenn du zum Beispiel nach der Elternzeit das Arbeitsverhältnis mit deinem Arbeitgeber auflöst.

FALLBEISPIEL

Karin

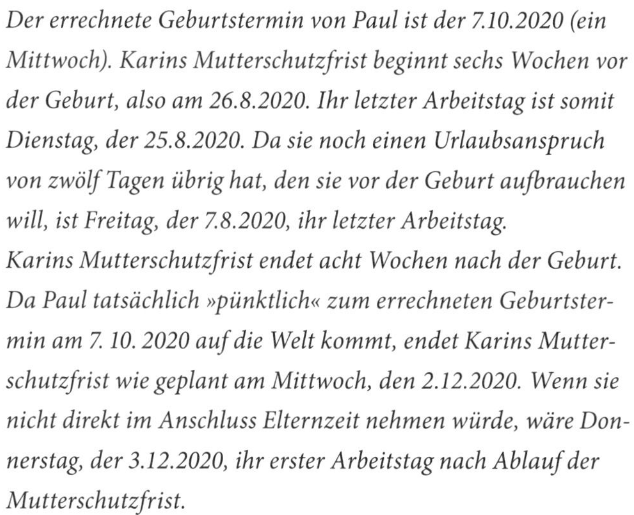

Der errechnete Geburtstermin von Paul ist der 7.10.2020 (ein Mittwoch). Karins Mutterschutzfrist beginnt sechs Wochen vor der Geburt, also am 26.8.2020. Ihr letzter Arbeitstag ist somit Dienstag, der 25.8.2020. Da sie noch einen Urlaubsanspruch von zwölf Tagen übrig hat, den sie vor der Geburt aufbrauchen will, ist Freitag, der 7.8.2020, ihr letzter Arbeitstag.
Karins Mutterschutzfrist endet acht Wochen nach der Geburt. Da Paul tatsächlich »pünktlich« zum errechneten Geburtstermin am 7. 10. 2020 auf die Welt kommt, endet Karins Mutterschutzfrist wie geplant am Mittwoch, den 2.12.2020. Wenn sie nicht direkt im Anschluss Elternzeit nehmen würde, wäre Donnerstag, der 3.12.2020, ihr erster Arbeitstag nach Ablauf der Mutterschutzfrist.

Dein Baby kommt früher als geplant

Die meisten Babys werden nicht am errechneten Geburtstermin geboren. Was bedeutet das für die Mutterschutzfrist? Wenn das Baby früher oder pünktlich geboren wird, bleibt die Gesamtdauer des Mutterschutzes mit 14 Wochen gleich.

FALLBEISPIEL
Anja und Andrea

Im Beispiel von Anja und Andrea wird ihre Tochter Sabrina nicht am errechneten Termin am Mittwoch, den 7.10.2020, geboren, sondern schon eine Woche vorher am Mittwoch, den 30.9.2020. Damit ist Anja vor der Geburt nicht schon sechs Wochen im Mutterschutz, sondern erst fünf (26.8. bis 30.9.2020). Diese eine Woche im Mutterschutz, die Sabrina zu früh auf die Welt gekommen ist, geht Anja allerdings nicht verloren: Die Schutzfrist, die ihr nach der Geburt ihrer Tochter zusteht, wird um eine zusätzliche Woche verlängert.
Damit ist Anja nach der Geburt (30.9.2020) nicht acht, sondern neun Wochen bis zum 2.12.2020 im Mutterschutz. Die gesamte Dauer der Mutterschutzfristen hat sich also durch den früheren Geburtstermin nicht verändert. Es bleibt bei einer Gesamtdauer von 14 Wochen. Auch der Start- und Endtermin des Mutterschutzes sind gleich geblieben (26.8. bis 2.12.2020). Zum besseren Verständnis findest du auf Seite 20 eine Übersicht mit den Mutterschutzfristen unserer Beispielmütter.

Dein Baby kommt später als geplant

Wenn dein Baby auf sich warten lässt und später als zum errechneten Geburtstermin zur Welt kommt, verkürzt sich die Gesamtdauer deines Mutterschutzes allerdings nicht. Im Gegenteil: Der Zeitraum verlängert sich um die Anzahl an Tagen beziehungsweise Wochen, die seit dem errechneten Termin vergangen sind. Für diesen Zeitraum profitierst du zusätzlich von Mutterschutz und Mutterschaftsgeld. Ein kleiner Trost, wenn du schon sehnsüchtig auf die Geburt deines Kindes wartest!

FALLBEISPIEL

Katja und Jan

Eric, der Sohn von Katja und Jan, kommt am 14.10.2020 auf die Welt, eine Woche nach dem errechneten Termin. Wie wirkt sich das auf die Mutterschutzdauer von Katja aus? Am Tag von Erics Geburt ist Katja bereits seit sieben (statt sechs) Wochen im Mutterschutz (26.8. bis 14.10.2020).
Diese zusätzliche Woche wird ihr nicht nach der Geburt gekürzt. Es bleibt dabei, dass sie nach der Geburt eine Mutterschutzfrist von acht Wochen hat. Somit dauert in diesem Fall der gesamte Mutterschutz 15 (statt 14) Wochen und endet am 9.12.2020. Aus rein finanzieller Sicht ist das Übertragen ein kleiner Trost, da Katja somit eine Woche länger Mutterschaftsgeld und den Arbeitgeberzuschuss erhält.

Besondere Umstände, bei denen sich der Mutterschutz verlängert

Es gibt drei besondere Umstände, bei denen sich der Mutterschutz zusätzlich um weitere vier Wochen verlängert: bei medizinischen Frühgeburten, bei Zwillings- und weiteren Mehrlingsgeburten und (auf Antrag) bei der Geburt eines Kindes mit Behinderung. In diesen Fällen dauert die Mutterschutzfrist nach der Geburt nicht acht, sondern zwölf Wochen. Die behandelnden Ärzte stellen dann im Krankenhaus eine Bescheinigung aus, die du bei deiner Krankenkasse zur Verlängerung des Mutterschutzes einreichst. Sollten zwei der genannten Voraussetzungen vorliegen, zum Beispiel die Frühgeburt von Zwillingen, verlängert sich die Mutterschutzfrist jedoch nicht um die doppelte Dauer (acht Wochen); es bleibt bei einer Verlängerung von vier Wochen.

FALLBEISPIEL
Carolin und Fabian

Die Zwillinge Anton und Emil kommen schon am 2.9.2020 zu früh zur Welt. Damit sind sie Frühgeburten im medizinischen Sinn. Eine Frühgeburt liegt vor, wenn ein Kind bei der Geburt weniger als 2500 Gramm wiegt oder wenn es zwar mehr Gewicht auf die Waage bringt, aber »die Reifezeichen noch nicht voll ausgebildet sind« und es somit »wesentlich erweiterter Pflege bedarf«. Ob es sich um eine Frühgeburt im medizinischen Sinn handelt, wird vom zuständigen Kinderarzt bei der U1 unmittelbar nach der Geburt festgestellt.
Anton und Emil werden nicht – wie ursprünglich errechnet – am 7.10.2020 geboren, sondern schon am 2.9.2020 und kommen somit fünf Wochen zu früh zur Welt. Der Mutterschutz von Carolin hat erst eine Woche vorher begonnen (26.8.2020). Die noch ausstehenden fünf Wochen gehen ihr aber nicht verloren: Sie werden einfach zum Mutterschutz nach der Geburt addiert. Somit dauert der Mutterschutz nach der Geburt der Zwillinge

INFO

Sowohl bei **medizinischen Frühgeburten** als auch bei Zwillings- und weiteren **Mehrlingsgeburten** verlängert sich die Mutterschutzfrist um vier Wochen. Wenn beide Voraussetzungen vorliegen (Mehrlingsgeburt und medizinische Frühgeburt) verlängert sich die Mutterschutzfrist jedoch nicht um die doppelte Dauer (acht Wochen); es bleibt bei einer Verlängerung um vier Wochen.

für Carolin statt acht nun 13 Wochen (acht plus fünf) bis zum 2.12.2020. Aufgrund der medizinischen Frühgeburt von Anton und Emil verlängert sich die Mutterschutzfrist um weitere vier Wochen auf 17 Wochen (acht plus fünf plus vier) nach der Geburt und endet erst am 30.12.2020, obwohl sie bereits am 2.9.2020 geboren wurden.

Wenn du noch länger arbeiten möchtest

Manchmal gibt es Gründe, die dagegen sprechen, dass eine Schwangere schon sechs Wochen vor der Geburt den Mutterschutz in Anspruch nimmt. Das kann zum Beispiel vorkommen, wenn sie noch ein bestimmtes Projekt am Arbeitsplatz zum Abschluss bringen oder einen wichtigen beruflichen Termin wahrnehmen möchte. Ein verspäteter Antritt des Mutterschutzes ist auch eine mögliche Option, wenn die Schwangere den Bemessungszeitraum für die Elterngeldberechnung um einen relevanten Monat verschieben möchte. Ein Sonderfall, den ich im Elterngeldkapitel auf Seite 106 am Beispiel von Katja und Jan erläutere.

Was auch immer deine persönlichen Gründe sein mögen: Vor der Geburt hast du die Möglichkeit, den Beginn der Mutterschutzfrist zu verschieben und noch länger zu arbeiten. Auf deinen ausdrücklichen Wunsch hin muss dein Arbeitgeber diese Entscheidung akzeptieren. Den Zeitraum nach der Geburt kannst du jedoch nicht verkürzen, denn in diesen acht Wochen gilt ein gesetzlich vorgeschriebenes absolutes Arbeitsverbot.

Solltest du dich dazu entscheiden, deinen Mutterschutz vor der Geburt verspätet anzutreten, kommt es nicht zu Verschiebungen oder Veränderungen der Termine im Mutterschutz. Es verkürzt sich lediglich der Zeitraum vor der Geburt. Ansonsten gelten die Regeln, die ich oben erläutert habe. Alles Weitere hängt vom tatsächlichen Geburtstermin deines Kindes ab.

FALLBEISPIEL

Katja und Jan

Katjas Mutterschutz würde bei einem errechneten Geburtstermin am 7.10.2020 planmäßig am 26.8.2020 beginnen. Da sie den Bemessungszeitraum für die Berechnung ihres Elterngelds aber um einen Monat nach hinten verschieben möchte, damit sie einen höheren Betrag erhält, arbeitet sie noch eine Woche länger bis zum 1.9.2020 und beginnt ihren Mutterschutz erst am 2.9.2020.
Wird Eric püntklich am 7.10.2020 geboren, bleibt es dabei, dass Katjas Mutterschutzfrist am 2.12.2020 endet. Insgesamt verkürzt sich ihre Mutterschutzdauer um die Anzahl der Tage, die sie ihn verspätet antritt. Für die Tage vom 26.8. bis 1.9.2020 bezieht Katja weiterhin ihr Gehalt von ihrem Arbeitgeber, danach bekommt sie Mutterschaftsgeld.

Zum besseren Verständnis findest du die Mutterschutzfristen unserer Beispielmütter hier im Überblick:

	Errechneter Geburtstermin	Tatsächlicher Geburtstermin	Mutterschutz-frist
Karin	7.10.2020	7.10.2020	26.8.2020–2.12.2020
Anja	7.10.2020	30.9.2020 (eine Woche früher)	26.8.2020–2.12.2020
Katja	7.10.2020	14.10. 2020 (eine Woche später)	26.8. oder 2.9.2020–9.12.2020
Carolin	7.10.2020	2.9.2020 (fünf Wochen früher)	26.8.2020–30.12.2020
Leonie	7.10.2020	7.10.2020	26.8.2020–2.12.2020
Julia	7.10.2020	7.10.2020	nicht erwerbstätig, kein Mutterschutz

MUTTERSCHAFTSGELD

Mutterschaftsgeld wird innerhalb der gesetzlichen Mutterschutzfristen von den Krankenkassen ausgezahlt und in der Regel vom Arbeitgeber weiter aufgestockt. Es ersetzt in diesem Zeitraum das bisherige monatliche Einkommen.

Wie hoch ist das Mutterschaftsgeld und wer bekommt es?

Grundsätzlich gilt: Wenn du in einem angestellten Beschäftigungsverhältnis bist (egal, ob in Vollzeit, Teilzeit, befristet oder im Minijob), bekommst du als Angestellte innerhalb der Mutterschutzfristen Mutterschaftsgeld. Bezüglich der Höhe ist zu unterscheiden, ob du gesetzlich oder privat krankenversichert bist.
Wenn du **gesetzlich krankenversichert** bist (egal, ob freiwillig oder pflichtversichert), kannst du mit einem Mutterschaftsgeld in Höhe deines durchschnittlichen Nettogehaltes der drei Monate vor Beginn des Mutterschutzes rechnen.

Wie läuft das ab?

Die gesetzliche Krankenkasse zahlt dir – während der oben beschriebenen Mutterschutzfristen – ein Mutterschaftsgeld in Höhe von 13 Euro je Kalendertag. Das sind auf den Monat gerechnet 390 Euro. Wenn du monatlich mehr als 390 Euro netto verdienst, erhältst du von deinem Arbeitgeber den sogenannten Arbeitgeberzuschuss. Er bezahlt die Differenz zwischen deinem durchschnittlichen Nettogehalt und dem Mutterschaftsgeld der Krankenkasse, sodass du keine finanziellen Einbußen hast.
Für deine Finanzen beziehungsweise deine Liquiditätsplanung spielt es eventuell eine Rolle, wann die jeweiligen Beträge fließen. Dein Arbeitgeber überweist dir seinen Zuschuss weiterhin monatlich zu dem Termin, an dem du bisher dein Gehalt bekommen hast. Die Kran-

kenkasse zahlt ihren Anteil in zwei Tranchen: einmal für den Zeitraum vor der Geburt (in der Regel 13 Euro × 6 Wochen = 546 Euro) und einmal für den restlichen Zeitraum nach der Geburt (13 Euro × 8 Wochen + gegebenenfalls für weitere Tage, falls dein Kind nach dem errechneten Termin zur Welt kommt + gegebenenfalls für die Verlängerung des Mutterschutzes bei einer Frühgeburt oder Mehrlingen).

Wenn du privat krankenversichert und Beamtin bist, beziehst du während der Mutterschutzfristen kein Mutterschaftsgeld, sondern weiterhin dein gewohntes Gehalt. Also läuft für dich erst einmal alles unverändert weiter.

Wenn du privat krankenversichert und angestellt bist, ist der Ablauf ein wenig anders:

- Du erhältst einmalig 210 Euro vom Bundesversicherungsamt
- den monatlichen Arbeitgeberzuschuss (analog zu den gesetzlich Versicherten: dein durchschnittliches Nettogehalt der letzten drei Monate vor Beginn der Mutterschutzfrist abzüglich der fiktiven 13 Euro pro Tag von der gesetzlichen Krankenkasse) und
- gegebenenfalls Krankentagegeld, sofern du das mit deiner privaten Krankenversicherung vereinbart hast.

450-Euro-Job

Wenn du einen 450-Euro-Minijob ausübst, kommt es darauf an, ob du selbst Mitglied in einer gesetzlichen Krankenkasse bist (zum Beispiel als Studierende oder freiwillig Versicherte) oder ob du familienversichert bist.

- Als **selbst Versicherte** erhältst du Mutterschaftsgeld von deiner Krankenkasse und gegebenenfalls einen Zuschuss von deinem Arbeitgeber.
- Als **Familienversicherte** erhältst du einmalig Mutterschaftsgeld vom Bundesversicherungsamt (bis zu 210 Euro) und gegebenenfalls einen Zuschuss von deinem Arbeitgeber.

- Wenn du **Studierende oder Schülerin** bist und keinen 450-Euro-Minijob ausübst, bist du in der Regel gesetzlich krankenversichert ohne Krankengeldanspruch. In diesem Fall hast du keinen Anspruch auf Mutterschaftsgeld.

Bist du selbstständig?

Dann kommt es ebenfalls auf deine Krankenversicherung an und darauf, was du mit deiner Krankenkasse vereinbart hast:

- Wenn du **selbstständig und privat krankenversichert** bist, erhältst du kein Mutterschaftsgeld. Wenn du eine private Krankentagegeldversicherung abgeschlossen hast, kannst du Krankentagegeld erhalten, wenn du während der Mutterschutzfristen nicht oder nur eingeschränkt beruflich tätig bist. Was das konkret für dich bedeutet, also ob du tätig sein darfst, ohne Einkommen zu beziehen, oder ob du gar nicht (also noch nicht einmal in der Kundenpflege, Strategie oder im Marketing) tätig sein darfst, ist im Zweifelsfall mit deiner Krankenkasse zu klären.
- Wenn du **selbstständig und freiwillig gesetzlich krankenversichert** bist und Anspruch auf Krankengeld hast, erhältst du Mutterschaftsgeld in Höhe des Krankengelds. Wenn du den Krankengeldanspruch nicht zusätzlich abgesichert hast, hast du in der Regel auch keinen Anspruch auf Mutterschaftsgeld.
- Wenn du **selbstständig und über die Künstlersozialkasse** in der gesetzlichen Krankenversicherung pflichtversichert bist, hast du Anspruch auf Mutterschaftsgeld, das in der Regel 70 Prozent deines regelmäßigen Arbeitseinkommens entspricht.

Befristeter Arbeitsvertrag

Ist dein Arbeitsverhältnis zeitlich befristet und endet während der Mutterschutzfrist?

- Wenn du **gesetzlich krankenversichert** bist und dein Arbeitsvertrag während der Mutterschutzfrist endet, dann erhältst du den Arbeitgeberzuschuss bis zum Ende des Arbeitsverhältnisses.

Danach übernimmt die Krankenkasse auch den Arbeitgeberanteil des Mutterschaftsgelds, allerdings nur in Höhe des Krankengelds (das sind in der Regel 70 Prozent des letzten Bruttoeinkommens). Bis zum Ende des Mutterschutzes erhältst du also von deiner Krankenkasse das Mutterschaftsgeld und den reduzierten Arbeitgeberzuschuss.

- Wenn du **privat krankenversichert** bist und dein Arbeitsvertrag während der Mutterschutzfrist endet, erhältst du eine einmalige Zahlung von Mutterschaftsgeld vom Bundesversicherungsamt in Höhe von 210 Euro sowie eventuell das Krankentagegeld deiner Krankenkasse, sofern du eine private Krankentagegeldversicherung abgeschlossen hast.

Ist dein Arbeitsvertrag befristet und endet noch vor Beginn deiner Mutterschutzfrist? Dann wirst du arbeitslos und hast möglicherweise andere Ansprüche der finanziellen Absicherung. Ich empfehle dir, dich über deine individuellen Möglichkeiten bei deiner Krankenkasse, der Agentur für Arbeit und dem Sozialamt zu erkundigen.
Solltest du selbstständig sein oder einem dieser Sonderfälle angehören, empfehle ich dir, frühzeitig das Gespräch mit der Krankenkasse zu suchen, um deine Ansprüche während der Mutterschutzfristen zu

TIPP

Wenn dein **befristeter Arbeitsvertrag** nicht verlängert wird, die befristeten Arbeitsverträge deiner Kollegen aber schon, dann kann es sehr gut sein, dass dein Arbeitgeber auch deinen Vertrag verlängern muss. Sonst würde er dich aufgrund deiner Schwangerschaft benachteiligen, was nach dem Allgemeinen Gleichbehandlungsgesetz (AGG) verboten ist. Hake also unbedingt nach!

klären. Zum einen, damit du Klarheit und Planungssicherheit für deine Finanzen während der Mutterschutzfristen hast. Zum anderen, weil das Mutterschaftsgeld nach der Geburt mit deinem individuellen Anspruch auf Basiselterngeld verrechnet wird (unabhängig davon, ob du das Basiselterngeld tatsächlich beantragst oder nicht, es wird unterstellt, dass du es beziehst).
In den meisten Fällen ist das Mutterschaftsgeld höher als das Basiselterngeld, sodass in diesen Monaten kein Elterngeld ausgezahlt wird. Wenn du kein oder weniger Mutterschaftsgeld erhältst, solltest du in diesem Zeitraum (Mutterschutzfrist nach der Geburt) tatsächlich Basiselterngeld beantragen und beziehen.

Firmenwagen

Hast du einen Firmenwagen, der in den letzten drei Monaten vor Beginn der Mutterschutzfrist als »regelmäßiger und fester geldwerter Bezug« Teil deines Arbeitseinkommens war? Dann hast du auch das Recht, den Wagen bis zum Ende der Mutterschutzfrist weiterhin privat zu nutzen. Solltest du dein Dienstauto mit Beginn der Mutterschutzfrist abgeben, stehen die Chancen gut, dass der Wagen als geldwerter Vorteil in der Berechnung des Arbeitgeberzuschusses zum Mutterschaftsgeld berücksichtigt wird.

Mutterschaftsgeld beantragen

Dein Arbeitgeber sollte über deine Schwangerschaft und deine Mutterschutzfristen informiert sein und wissen, was zu tun ist. Deine Krankenkasse informierst du über den voraussichtlichen Entbindungstermin und deine Mutterschutzfrist. Dazu erhältst du circa sieben Wochen vor dem Geburtstermin eine Bescheinigung von deinem Frauenarzt. In der Regel musst du auf der Rückseite dieser Bescheinigung nur noch deine Daten ergänzen und kannst sie so an deine Krankenkasse weiterleiten. Die meisten Krankenkassen akzeptieren mittlerweile die elektronische Einreichung.

> TIPP
>
> Falls du die **Bescheinigung über den errechneten Geburtstermin** nicht automatisch von deinem Frauenarzt erhältst, kümmere dich aktiv darum. Andernfalls bekommst du das Mutterschaftsgeld nicht rechtzeitig.

CHECKLISTE MUTTERSCHUTZ UND MUTTERSCHAFTSGELD

Mutterschutz

- Wann ist der voraussichtliche Geburtstermin?
- Wann beginnt und wann endet die Mutterschutzfrist, wenn dein Baby »pünktlich« am errechneten Geburtstermin auf die Welt kommt?

Mutterschaftsgeld

- Wie bist du krankenversichert und beruflich beschäftigt?
- Welchen Anspruch auf Mutterschaftsgeld hast du? Hast du das schon in Euro für dich ausgerechnet?

Für Angestellte und gesetzlich Versicherte

Das Mutterschaftsgeld wird von der Krankenkasse beziehungsweise vom Arbeitgeber übernommen.

- Bescheinigung vom Frauenarzt über den errechneten Geburtstermin für die Krankenkasse ausfüllen, unterschreiben und bei der Krankenkasse elektronisch oder per Post einreichen (etwa sieben Wochen vor dem Geburtstermin)
- Mit dem Arbeitgeber klären, ob alle relevanten Unterlagen oder Informationen vorliegen

- Bei Frühgeburt: die ärztliche Bescheinigung für die Verlängerung des Mutterschutzes nach der Geburt an Krankenkasse und Arbeitgeber weiterleiten

Für Angestellte und privat Versicherte

Das Bundesversicherungsamt übernimmt das Mutterschaftsgeld.

- Antrag auf Mutterschaftsgeld online ausfüllen (Unterschrift ist nicht erforderlich): www.bundesversicherungsamt.de/mutterschaftsgeld/online-antrag
- Informationen bereitlegen:
  - Errechneter Geburtstermin des Kindes
  - Angaben zur Krankenversicherung
  - Angaben zum aktuellen Beschäftigungsverhältnis
  - Angaben zur Kontoverbindung
- Mit Arbeitgeber klären, ob alle relevanten Unterlagen oder Informationen vorliegen

Für selbstständige Mütter: Anspruch auf Kranken(tage)geld im Mutterschutz?

- Private Krankenversicherung auf Anspruch aus Kranken(tage)geld-Versicherung prüfen und Antragsmodalitäten klären

Kapitel 2

Elternzeit

Machen wir gedanklich einen zeitlichen Sprung nach vorn und stellen uns Folgendes vor: Euer Baby ist gesund auf die Welt gekommen, du hast dich im Wochenbett gut von Schwangerschaft und Geburt erholt und ihr habt euch langsam als Familie aneinander gewöhnt. Das Ende der Mutterschutzfrist naht. Wie geht es von nun an weiter?
Wenn du direkt in deinen Vollzeitjob zurückkehrst oder selbstständig arbeitest, kannst du dieses Kapitel zur Elternzeit überspringen. Wenn nicht, beginnt bald deine Elternzeit und du solltest dir Gedanken darüber machen, wie du sie gestalten möchtest. Mittlerweile gibt es viele Möglichkeiten, die sich individuell an eure persönliche Situation anpassen lassen.

ELTERNZEIT – WAS IST DAS GENAU?

Die Elternzeit ist eine Auszeit vom Berufsleben, in der abhängig beschäftigte Eltern weniger oder gar nicht arbeiten. Sie ist im **Bundeselterngeld- und Elternzeitgesetz** (siehe Seite 186) geregelt und betrifft dich und deinen Arbeitgeber. Dabei spielt es keine Rolle, ob du Vollzeit oder Teilzeit arbeitest, einen Mini- oder Midijob hast oder dich in Ausbildung oder Umschulung befindest.
Wie schon beim Mutterschutz gilt auch hier: Für Beamte, Richter und Soldaten gibt es spezielle (in der Regel weitergehende) Regelungen zur Elternzeit. Solltest du davon betroffen sein, erkundige dich bitte bei deinem jeweiligen Dienstherrn über die einzelnen Details. Vom Grundsatz her gilt der Großteil der hier erläuterten Elternzeitregeln aber auch für dich.
Selbstständige Mütter und Hausfrauen können wiederum keine Elternzeit in Anspruch nehmen. Das müssen sie auch gar nicht, da sie ja niemandem gegenüber weisungsgebunden sind und selbst entscheiden, wie viel und wann sie arbeiten beziehungsweise sich um ihr Kind kümmern möchten.

Kurz das Wichtigste zur Elternzeit

- Die Elternzeit gilt für Mütter und Väter gleichermaßen.
- In der Elternzeit arbeitest du gar nicht oder maximal 30 Stunden pro Woche.
- Du kannst insgesamt drei Jahre Elternzeit nehmen (dein Partner ebenfalls).
- Diese drei Jahre Elternzeit kannst du am Stück nehmen oder in zwei bis drei Zeitabschnitte aufteilen. Zum Beispiel im Anschluss an die Mutterschutzfrist (sonst müsstest du ja schon acht Wochen nach der Geburt wieder arbeiten) oder als Vater direkt ab dem Tag der Geburt.
- Wichtig ist, dass du den Bindungszeitraum von zwei Jahren beachtest (vor dem dritten Geburtstag): du musst bei der Anmeldung verbindlich angeben, wann du in den kommenden zwei Jahren Elternzeit nehmen möchtest.
- Dein Arbeitgeber hat wenig Möglichkeiten, deinen Wunsch nach Elternzeit abzulehnen.
- Die Elternzeit ist in Bezug auf Datum und Dauer von dir frei bestimmbar: Du kannst die Elternzeit für Jahre, Monate, Wochen und theoretisch auch für einzelne Tage festlegen. Es gibt keine Bindung an Kalendermonate/-wochen oder Lebensmonate des Kindes (das ist beim Elterngeld anders).
- Bis zu zwei von den drei Jahren Elternzeit kannst du auch nach dem dritten Geburtstag deines Kindes nehmen, und zwar spätestens bis zum achten Geburtstag. Am Tag vor dem achten Geburtstag enden deine Elternzeitansprüche.
- Was auch sehr hilfreich ist: Wenn ein paar Voraussetzungen erfüllt sind, hast du die Möglichkeit, »Teilzeit in Elternzeit« zu arbeiten. Dazu später ab Seite 48 mehr.
- Während der Elternzeit genießt du einen besonderen Kündigungsschutz.

Formal musst du folgende Voraussetzungen erfüllen, um Elternzeit nehmen zu können:

- Du bist Arbeitnehmer, also in einem angestellten Beschäftigungsverhältnis.
- Du lebst mit deinem Kind in einem gemeinsamen Haushalt.
- Du arbeitest gar nicht oder maximal 30 Wochenstunden während der Elternzeit.
- Du betreust und erziehst dein Kind selbst (das heißt du hast das Sorgerecht oder der sorgeberechtigte Elternteil stimmt deiner Elternzeit zu). Eine zeitweise Betreuung durch Dritte in Form von Krippenbetreuung, Tagesmutter oder Kindergarten ist natürlich auch erlaubt.

Verrechnung von Mutterschutz und Elternzeit

Wenn du als Angestellte nach der Geburt im Mutterschutz warst, beginnt deine Elternzeit in der Regel im unmittelbaren Anschluss an die achtwöchige Schutzfrist und dauert bis zum dritten Geburtstag deines Kindes. Die Wochen, die du nach der Geburt im Mutterschutz verbringst, werden also einfach mit deiner Elternzeit verrechnet. Nehmen wir an, dein Kind kommt am 7.10.2020 gesund und reif zur Welt, dann endet der gesetzliche Mutterschutz acht Wochen später am 2.12.2020. Wenn du die ganzen drei Jahre Elternzeit am Stück nimmst, endet sie am 6.10.2023, also einen Tag vor dem dritten Geburtstag deines Kindes.

ELTERNZEIT ANMELDEN

Da die Elternzeit nur dich und deinen Arbeitgeber betrifft, ist die Elternzeit auch nur mit ihm abzustimmen. Was musst du also tun, um Elternzeit zu nehmen? Du teilst deinem Arbeitgeber schriftlich mit, ab wann und wie lange du Elternzeit nimmst.

Wie meldest du Elternzeit bei deinem Arbeitgeber an?

Die Anmeldung der Elternzeit erfolgt formlos auf einem Blatt Papier. Es reicht allerdings nicht aus, eine E-Mail zu schicken, da du die Elternzeitanmeldung unterschreiben musst. Einige Unternehmen und Teile des öffentlichen Diensts nutzen Formulare, in denen du nur noch deine Daten einzutragen brauchst. Falls dein Arbeitgeber dir diesen Service nicht bietet: Im Internet findest du eine Vielzahl an Mustertexten. Du solltest möglichst genau angeben, wann du in Elternzeit gehst (Beginn und Ende mit Datumsangabe), um spätere Missverständnisse möglichst zu vermeiden.

Falls du Teilzeit in Elternzeit arbeiten möchtest

Solltest du bereits zu diesem Zeitpunkt wissen, dass und wann du in Teilzeit in Elternzeit an deinen Arbeitsplatz zurückkehren möchtest, ist es sinnvoll, diesen Wunsch bereits in der Elternzeitanmeldung anzukündigen. Die Frist für die Beantragung von Teilzeit in Elternzeit beträgt zwar nur sieben Wochen und es würde theoretisch also ausreichen, wenn du diesen Antrag erst zu einem späteren Zeitpunkt verbindlich stellst. Es stärkt allerdings deine Position, deine geplante Rückkehr bereits zu einem möglichst frühen Zeitpunkt anzukündigen, damit dein Arbeitgeber sich darauf einstellen kann und sich hinterher nicht damit herausredet, er hätte von deinen Plänen nichts gewusst und nun (zum Beispiel) für drei Jahre eine externe Vertretung für dich eingestellt.

Gleichzeitig ist es für alle Beteiligten nachvollziehbar, dass du in der ersten Woche nach der Geburt nicht mit Sicherheit sagen kannst, dass du (zum Beispiel) in sechs Monaten mit 15 Wochenstunden wieder arbeiten gehst. Dafür gibt es einfach zu viele Unsicherheitsfaktoren (unter anderem die Gesundheit und Entwicklung deines Kinds, die Betreuungssituation, deine eigene Motivation). Daher empfehle ich, diese Ankündigung »weich« zu formulieren, zum Beispiel: »Ich beabsichtige, ab dem 7.4.2021 Teilzeit in Elternzeit mit 15 Wochenstunden an meinem bisherigen Arbeitsplatz zu arbeiten.« Im Abschnitt »Teilzeit in Elternzeit« findest du weitere Informationen zu diesem Thema.

Der richtige Zeitpunkt

Damit dein Arbeitgeber sich auf deine Abwesenheit einstellen kann, ist es wichtig, dass du ihn rechtzeitig über den Antritt deiner Elternzeit informierst. Nach den gesetzlichen Bestimmungen musst du die Elternzeit bis zu folgenden Zeitpunkten anmelden:

- Sieben Wochen vor Beginn der Elternzeit, wenn dein Kind unter drei Jahre alt ist (also für Eltern von Neugeborenen, Babys und Kleinkindern).
- 13 Wochen vor Beginn der Elternzeit, wenn dein Kind älter als drei Jahre ist.

Es gibt Arbeitgeber, die sogar schon vor der Geburt gern wissen möchten, wie lange du Elternzeit nehmen möchtest (nach meinem Eindruck insbesondere die Arbeitgeber mit den vorgefertigten Elternzeitformularen). Auch wenn dies nicht unbedingt den gesetzlichen Gedanken entspricht, ist es aus meiner Sicht nachvollziehbar, dass dein Arbeitgeber auch schon vor Beginn deines Mutterschutzes wissen möchte, ob, wann und wie du an deinen Arbeitsplatz zurückkehren möchtest. Ohne dieses Wissen ist es schwierig, deine Elternzeitvertretung optimal zu planen. Hier könntest du es dir theoretisch einfach machen und dir denken, egal, das ist nicht dein Problem. Andererseits, wenn du deinen Arbeitgeber magst und an deinen alten Arbeitsplatz zurückkehren möchtest, hast du ein eigenes Interesse daran, dass dein Platz während deiner Abwesenheit gut vertreten wird. Also auch wenn dein Arbeitgeber dich nicht um eine schriftliche Angabe der Elternzeitdauer bittet, macht es durchaus Sinn, bereits vor deiner Verabschiedung in den Mutterschutz mit deinem Arbeitgeber darüber zu sprechen, welche Möglichkeiten du nach deiner Rückkehr hast. Auch wenn dies nur in einem mündlichen und unverbindlichen Rahmen geschieht, wissen beide Seiten, was sie erwartet, und können entsprechend planen.

Was heißt das konkret? Wenn dein Arbeitgeber bereits vor der Geburt von dir wissen will, wie lange du Elternzeit nehmen möchtest (und wenn das für dich in Ordnung ist), kannst du ihm dies bereits mitteilen. Die meisten Arbeitgeber möchten dann nach der Geburt noch einmal eine schriftliche verbindliche Bestätigung erhalten.

Für Väter: Elternzeit nicht zu früh anmelden

Es gibt einen besonderen Kündigungsschutz, wenn du in Elternzeit bist, und der gilt bereits, wenn du deine Elternzeit anmeldest; allerdings frühestens eine Woche vor Ende der Anmeldefrist von sieben beziehungsweise 13 Wochen.

Das bedeutet, wenn du deine Elternzeit eine Woche früher anmeldest, als du es spätestens machen müsstest (also acht Wochen vor der Elternzeit), dann bist du vor einer Kündigung geschützt. Wenn du deine Elternzeit aber zwei Wochen früher anmeldest (also neun Wochen vor dem tatsächlichen Beginn), gilt dieser besondere Kündigungsschutz noch nicht.

Für dich als Mutter ist dies nicht relevant, da du bereits während der Schwangerschaft dank des Mutterschutzgesetzes vor einer Kündigung geschützt bist. Für dich als Vater kann dies unter Umständen in einer angespannten Arbeitsatmosphäre ein Problem werden, insbe-

TIPP

Speichere die **Ankündigung deiner Elternzeit** an einem Speicherort, auf den auch dein Partner Zugriff hat. Dann kann er sich nach der Geburt um die Erledigung kümmern.

sondere wenn du deine zwei »Vätermonate« zu unterschiedlichen Terminen nimmst. Denn den zweiten Elternzeitmonat hast du ja bereits mit dem ersten Monat angemeldet, der Kündigungsschutz gilt während der Elternzeitmonate, aber nicht dazwischen. Insofern könnte dir dein Arbeitgeber theoretisch nach deiner Rückkehr aus dem ersten Elternzeitmonat kündigen (natürlich nur aus Gründen unabhängig von deiner Elternzeit).

Elternzeit: Beantragen oder anmelden?

Auch wenn im Internet häufig von »Elternzeit beantragen« die Rede ist, vom Grundsatz her wird Elternzeit nicht beim Arbeitgeber beantragt, sondern angemeldet. Dein Arbeitgeber hat nämlich nicht das Recht, über deinen »Elternzeitantrag« zu entscheiden oder diesen abzulehnen, sondern er muss deine Elternzeitanmeldung akzeptieren. Voraussetzung dafür ist jedoch, dass du einige formale Bedingungen beachtest. Solltest du dich nicht an diese Bedingungen halten, die ich hier gleich im Detail erläutere, kannst du natürlich immer noch Elternzeit beantragen. Dein Arbeitgeber hat dann allerdings die Möglichkeit, deinen Elternzeitwunsch abzulehnen.

Die formalen Bedingungen

- Du meldest die Elternzeit rechtzeitig an (sieben Wochen vorher beziehungsweise 13 Wochen zuvor, wenn dein Kind bereits drei Jahre oder älter ist).
- Du beachtest den gesetzlichen Bindungszeitraum von zwei Jahren, wenn du vor dem dritten Geburtstag deines Kindes in Elternzeit gehst. Das bedeutet, du musst bei der Elternzeitanmeldung direkt verbindlich für die kommenden zwei Jahre angeben, in welchen Zeiträumen du dein Recht auf Elternzeit in Anspruch nehmen möchtest.
- Nur wenn du bereits den dritten Zeitabschnitt Elternzeit nehmen möchtest und dein Kind bereits drei Jahre und älter ist, kann

dein Arbeitgeber die Elternzeit »aus dringenden betrieblichen Gründen« ablehnen (aber auch nur dann).

Die siebenwöchige Anmeldefrist der Elternzeit bedeutet für dich als Mutter, dass die Elternzeitanmeldung innerhalb von einer Woche nach der Geburt erfolgen muss, wenn dein Mutterschutz nach der Geburt acht Wochen dauert und du im Anschluss übergangslos in die Elternzeit gehen möchtest.

Verständlicherweise fühlen sich viele Frauen von dieser Anforderung gestresst. Allerdings kannst du die Elternzeitanmeldung bereits vor der Geburt gut vorbereiten, indem du nach der Geburt nur noch das tatsächliche Geburtsdatum und die Termine einträgst, wann die Elternzeit beginnen und enden soll.

Für Väter: Wenn du direkt mit der Geburt in Elternzeit gehen möchtest

Wenn du als Vater direkt mit der Geburt eures Kinds Elternzeit nehmen möchtest, lässt sich das genaue Datum nicht so leicht bestimmen. Daher gehst du folgendermaßen vor: Du meldest den Beginn und die geplante Dauer deiner Elternzeit sieben Wochen vor dem errechneten Geburtstermin an. In die Anmeldung schreibst du, dass du »ab Geburt« Elternzeit nimmst (und natürlich wie lange) und gibst als Datum den errechneten Geburtstermin an. An dem Tag, an dem euer Kind tatsächlich auf die Welt kommt, beginnt deine Elternzeit. Eine Korrektur deiner schriftlichen Elternzeitanmeldung ist nicht erforderlich. Wichtig ist aber, dass du deinen Arbeitgeber zeitnah über den tatsächlichen Geburtstermin informierst.

Der Klassiker: Die zwei Vätermonate

Sehr häufig ist zu beobachten, dass Väter die Möglichkeit, drei Jahre Elternzeit zu nehmen, gar nicht nutzen, sondern sich lediglich auf einen Zeitraum von zwei Monaten beschränken. Der Grund dafür ist auf das Elterngeld zurückzuführen, deshalb werde ich im Abschnitt

»Elterngeld und Väter« noch einmal darauf eingehen (es gibt nämlich durchaus Alternativen zu den sprichwörtlichen »Vätermonaten«, liebe Papas!).

Die »Vätermonate« aufteilen

Diese zwei umgangssprachlich sogenannten »Vätermonate« werden manchmal am Stück, häufig aber auch auf zwei Zeiträume verteilt genommen. Die häufigste Variante sieht so aus: Der Vater nimmt den ersten Monat direkt nach der Geburt und den zweiten im Sommer danach oder um den ersten Geburtstag des Kindes herum. Gehörst du zu dieser Gruppe? Dann solltest du bei der Elternzeitanmeldung Folgendes beachten:

Bei der Elternzeitanmeldung sieben Wochen vor der Geburt gibst du den ersten Monat ja relativ einfach an mit »Ich nehmen einen Monat Elternzeit ab Geburt. Der voraussichtliche Geburtstermin ist xxx.« Wegen des Bindungszeitraums von zwei Jahren musst du in diesem Dokument bereits anmelden, wann du den zweiten Monat Elternzeit nimmst. Wenn du vor der Geburt noch nicht das genaue Datum des zweiten Elternzeitmonats kennst, nutze Formulierungen, wie zum Beispiel »einen weiteren Monat Elternzeit nehme ich ab dem ersten Geburtstag meines Kindes«. Wichtig ist nur, dass du bereits diesen zweiten Monat anmeldest und somit den Anspruch geltend machst, sodass dein Arbeitgeber dem nicht widersprechen kann.

Viele Väter berichten in diesem Zusammenhang, dass ihr Arbeitgeber häufig bereit ist, den tatsächlichen Termin dieses zweiten Elternzeitmonats zu verändern. Diese Arbeitgeber sind entweder sehr flexibel und familienfreundlich. Oder sie bevorzugen eine konkrete Terminabstimmung des zweiten Elternzeitmonats, die arbeitsplatzbedingt die Projekt-, Auftrags- oder Vertretungslage berücksichtigt und daher erst wenige Monate vorher im Detail erfolgen kann. Sicherlich kennst du deinen Arbeitgeber und deinen Arbeitsplatz am besten und kannst abschätzen, ob du dich vertrauensvoll und flexibel

kurzfristig mit deinem Arbeitgeber abstimmen kannst oder ob du dich ganz eng an die gesetzlichen Vorgaben halten solltest, um dein Recht auf Elternzeit in Anspruch nehmen zu können.
Nach dem, was mir werdende Väter erzählen, gibt es auch im Jahr 2020 beide Arbeitgeber-Extreme. Einige Väter fürchten um ihren Job (oder das Gespött der Kollegen), wenn sie Elternzeit nehmen. Andere haben familienfreundliche Arbeitgeber, die ihnen eine größtmögliche Flexibilität anbieten, die weit über die gesetzlichen Ansprüche hinausgeht. Ich habe aber auch schon von Chefs gehört, die bei der Elternzeitankündigung zunächst einen Tobsuchtsanfall bekamen und sich später mit dem modernen »Vorzeige-Papa« in der Öffentlichkeit gerühmt haben. Manchmal gehört einfach Mut dazu, eine Vorreiterrolle zu übernehmen. Hinterher zahlt es sich in vielfacher Weise aus.

Elternzeit bei Zwillingen

Wer Zwillinge bekommt, bekommt alles doppelt: die doppelte Freude, die doppelte Arbeit und den doppelten Anspruch auf Elternzeit. Drei Jahre Elternzeit pro Kind für jeden Elternteil, also jeweils sechs Jahre für Mutter und Vater. Es gibt allerdings folgende Einschränkung: Für jeden Zwilling muss ein Teil der Elternzeit vor und ein Teil nach dem dritten Geburtstag genommen werden. Die Elternzeit für Zwillinge könnte zum Beispiel wie in dieser Tabelle (von jedem Elternteil) genommen werden.

	Zwilling 1	**Zwilling 2**
Geburt–2. Geburtstag	2 Jahre Elternzeit für Zwilling 1	
2.–3. Geburtstag		1 Jahr Elternzeit für Zwilling 2
3.–4. Geburtstag	1 Jahr Elternzeit für Zwilling 1	
4.–6. Geburtstag		2 Jahre Elternzeit für Zwilling 2

Wie geht es weiter, nachdem du Elternzeit angemeldet hast?

Erfahrungsgemäß verschicken die meisten Arbeitgeber automatisch eine schriftliche Bestätigung, von wann bis wann du Elternzeit nimmst und wann du diese angemeldet hast.
Dieses Dokument solltest du gut aufheben; es ist dein einziger Nachweis, dass du in Elternzeit bist. Es gibt außer deinem Arbeitgeber niemanden, der dir das bestätigen könnte.

Was passiert bei einer Kündigung oder einem Arbeitgeberwechsel?

Auch wenn du während der Elternzeit vor einer Kündigung geschützt bist, kann es sein, dass dein Arbeitsverhältnis während der Elternzeit endet. Entweder weil du selber kündigst, um zu einem anderen Arbeitgeber zu wechseln, oder weil du dich mit deinem Arbeitgeber auf eine Aufhebung deines Arbeitsvertrages (hoffentlich mit einer Abfindung) einigst. An dieser Stelle solltest du zwei Punkte beachten:

- Wenn du während der Elternzeit dein Arbeitsverhältnis aufgibst und nicht umgehend ein neues Arbeitsverhältnis eingehst, bist du ab diesem Zeitpunkt nicht länger »in Elternzeit«, sondern »Hausfrau und Mutter«. Diese Statusänderung ist nicht schlimm, du solltest dir allerdings darüber klar sein.
- Solltest du nicht erwerbstätig, sondern Hausfrau und Mutter sein, kann sich das auf deine Krankenversicherung auswirken. Das gilt auch, wenn du über einen längeren Zeitraum in keinem Arbeitsverhältnis stehst und keinen besonderen Status wie arbeitssuchend, studierend oder auszubildend hast. Wenn du verheiratet bist und dein Partner gesetzlich krankenversichert ist, sollte die Möglichkeit einer Familienversicherung bestehen. Gegebenenfalls macht es Sinn, diese Frage vorher abzuklären und die verschiedenen Optionen zu prüfen.

Noch nicht genommene Elternzeit kannst du »mitnehmen«
Es ist wichtig, dir bei einer Beendigung deines Arbeitsverhältnisses von deinem (ehemaligen) Arbeitgeber bestätigen zu lassen, wann und wie lange du Elternzeit genommen hast. Bis zu zwei Jahre der insgesamt drei Jahre kannst du ja über den dritten Geburtstag hinaus bis zum achten Geburtstag deines Kindes in Anspruch nehmen. Vielleicht benötigst du deine noch vorhandenen Elternzeitansprüche für deinen neuen Job bei einem neuen Arbeitgeber? Vielleicht nicht sofort, aber später. Dann kannst du mit dem Dokument deines alten Arbeitgebers noch vorhandene Elternzeitansprüche nachweisen.
Hinweis zur Kündigung in der Elternzeit
Solltest du während deiner Elternzeit kündigen, gilt die ganz normale Kündigungsfrist, die in deinem Arbeitsvertrag vereinbart ist. Solltest du jedoch genau zum Ende der Elternzeit kündigen wollen, gilt eine besondere Kündigungsfrist von drei Monaten.

DIE DAUER FESTLEGEN

Eine Frage, die vor allem werdende Mütter umtreibt: Wie lange solltest du idealerweise Elternzeit anmelden?
Nach meiner Erfahrung ist diese Frage absolut individuell und lässt sich nicht allgemein beantworten. Sie hängt von verschiedenen Faktoren ab, in erster Linie von der Frage, WANN und WIE du in das Berufsleben zurückkehren möchtest. Warum?

TIPP

Wenn dein **Arbeitsvertrag während der Elternzeit endet**, lass dir die Dauer deiner Elternzeit von deinem (ehemaligen) Arbeitgeber schriftlich bestätigen.

Wenn du Teilzeit in Elternzeit arbeiten möchtest (die Details erkläre ich gleich), musst du diesen Zeitraum in deine Elternzeit mit einplanen. Dann meldest du nicht nur die Elternzeit an, in der du zu Hause bleiben möchtest, sondern auch die Elternzeit, in der du Teilzeit arbeiten möchtest. Wenn du hingegen direkt nach der Elternzeit in dein ursprüngliches Arbeitsverhältnis zurückkehren möchtest (Vollzeit beziehungsweise mit der Stundenzahl, die ursprünglich vereinbart war) oder eine andere Lösung mit deinem Arbeitgeber vereinbarst, dann meldest du nur die Elternzeit an, die du wirklich zu Hause bleiben möchtest.

Individuelle Empfehlungen

- Du möchtest eineinhalb Jahre zu Hause bleiben und dann Vollzeit zurück in deinen Beruf? Dann meldest du auch nur eineinhalb Jahre Elternzeit an. Danach kehrst du zu deinem ursprünglichen Vollzeitvertrag zurück.
- Du möchtest sechs Monate zu Hause bleiben und dann so lange wie möglich 20 Wochenstunden Teilzeit in Elternzeit arbeiten? Dann meldest du gleich die ganzen drei Jahre Elternzeit an und kündigst an, ab dem siebten Monat Teilzeit in Elternzeit mit 20 Wochenstunden arbeiten zu wollen. Nach dem dritten Geburtstag musst du mit deinem Arbeitgeber darüber verhandeln, wie es weitergeht (zum Beispiel Vollzeit, Teilzeit oder Brückenteilzeit, dazu findest du mehr ab Seite 48).
- Du bist absolut unsicher, wann du beruflich wieder einsteigen möchtest? Meine Empfehlung: Melde zwei Jahre Elternzeit an, damit hast du die größtmögliche Flexibilität. Solltest du dann früh wieder arbeiten wollen, kannst du nach dem Ende der Mutterschutzfrist (also etwa zwei Monate nach der Geburt) bis zum zweiten Geburtstag bis zu 30 Wochenstunden Teilzeit in Elternzeit arbeiten. Danach kannst du zur Vollzeit zurückkehren. Oder

dein drittes Jahr Elternzeit nehmen und weiterhin Teilzeit in Elternzeit arbeiten.

Solltest du hingegen feststellen, dass du am liebsten noch länger als zwei Jahre zu Hause bleiben möchtest, kannst du einfach sieben bis acht Wochen vor dem zweiten Geburtstag deines Kindes deine Elternzeit um ein weiteres Jahr verlängern. Zum dritten Geburtstag solltest du dann entscheiden, wie es weitergeht: Teilzeit, Brückenteilzeit, Vollzeit.

Wichtige Einflussgrößen

Es gibt viele Aspekte, die eine Rolle spielen, wenn es darum geht, den Zeitpunkt und die Dauer eurer Elternzeit festzulegen. Es ist sinnvoll, sich im Voraus Gedanken darüber zu machen. So erhöht ihr die Chance, dass ihr später mit euren getroffenen Entscheidungen zufrieden seid.

Deine Werte und dein Verständnis der Elternrolle

Je nachdem, wie du deine Elternrolle verstehst, welchen Stellenwert deine Arbeit und beruflicher Erfolg für dich hat, wie partnerschaftlich oder klassisch du die familiären und beruflichen Aufgaben mit deinem Partner aufteilst, je nach deinen Werten, pädagogischen Ansichten oder einfach intuitiv aus dem Bauch heraus – du wirst eine Meinung, ein Gefühl und einen Wunsch haben, wie lange du bei deinem Kind zu Hause bleiben und wann du in die Berufswelt zurückkehren möchtest.

Eure finanzielle Situation

Ein häufiges Entscheidungskriterium ist die Frage, wie viel Elternzeit ihr euch unter wirtschaftlichen Gesichtspunkten leisten könnt und leisten wollt. In der Elternzeit habt ihr ein geringes oder gar kein Erwerbseinkommen (je nach Stundenzahl). Das Elterngeld schafft nur einen anteiligen Ausgleich für fehlendes Einkommen. Hier kommen eure generellen Finanzen ins Spiel: allgemeine Lebenshaltungskosten,

Vermögen, Erspartes, die Hypothek für das neue Haus. Wie viel benötigt ihr zum Leben? Worauf könnt ihr verzichten? Wie wichtig ist es euch, euren Lebensstandard zu halten?

Die Betreuungssituation

Habt ihr die Möglichkeit, euer Kind selbst zu betreuen, weil ihr unterschiedliche Arbeitszeiten habt? Oder wohnen die Großeltern nebenan und übernehmen feste Betreuungszeiten? Dann bist du relativ flexibel und kannst ins Berufsleben zurückkehren, wenn es für dich passt. Wenn ihr auf andere Betreuungsmöglichkeiten angewiesen seid, spielen auch externe Entscheidungskriterien eine Rolle, auf die ihr keinen Einfluss habt. Das Thema Betreuung ist für werdende Eltern in der Regel noch fremd. Es gibt viele Glaubenssätze dazu, Erfahrungsberichte von Freunden, unterschiedliche Darstellungen in den Medien und die Sorge, keinen Platz zu bekommen. In Summe ist es ein Thema, das zu Verunsicherung führt und die Planung erschwert. Im Kapitel »Eure persönliche Situation« findest du ab Seite 166 weitere Informationen zu diesem Thema (nicht aus der pädagogischen, mehr aus der organisatorischen Perspektive).

Die Wünsche des Partners

Hast du schon mit deinem Partner darüber gesprochen, ob er Elternzeit nehmen möchte? Und wie lange er gerne zu Hause bleiben möchte? Was sind seine Vorstellungen von der zukünftigen Aufteilung von familiären und beruflichen Aufgaben? Falls du gerne lange zu Hause bleiben möchtest, ist es für ihn in Ordnung, zukünftig der Haupt- oder Alleinverdiener zu sein? Falls du gerne zügig an deinen Arbeitsplatz zurückkehren möchtest, ist dein Partner damit einverstanden, wie du dir die Aufteilung der familiären Aufgaben vorstellst?

In meinen Einzelgesprächen mit werdenden Eltern stelle ich (leider) immer wieder mit Überraschung fest, wie wenig die Paare vorher über diese Fragen miteinander sprechen. Es kam schon einige Male vor, dass die Frau mich vorher anrief und mir sagte, dass sie gerne eine Lösung finden möchte, damit sie so lange wie möglich zu Hause bleiben könne. Kaum sitze ich im Beratungsgespräch ihr und ihrem Mann gegenüber, spricht er davon, dass seine Frau zügig wieder in den Job zurückkehren müsse, da sie ja gerade ein Haus gekauft hätten und sie auf beide Gehälter angewiesen seien. Auch bei der Frage, ab wann und wie das Baby betreut werden soll, gehen die Meinungen häufig auseinander.

Die Wünsche oder Erwartungshaltung des Arbeitgebers

Deine Rechte im beruflichen Kontext, die sich unter anderem aus dem Elternzeitgesetz ergeben und die ich hier erläutere, sind das Eine. Ich finde es wichtig, dass du deine Möglichkeiten zur Teilzeitarbeit in Elternzeit kennst, um deine »Rückkehrbedingungen« besser mit deinem Arbeitgeber verhandeln zu können.

Etwas anderes ist es jedoch, was dein Arbeitgeber sich wünscht oder von dir erwartet. Damit meine ich nicht die zwei »Vätermonate«; diese sollten immer möglich sein. Es ist eher die Frage: Wenn du nach mehreren Monaten oder sogar Jahren in die Arbeitswelt zurückkehrst, bekommst du bei deinem Arbeitgeber deinen früheren Arbeitsplatz wieder? Kannst du genau die Tätigkeit fortführen, die du vorher gemacht hast? Und geht das auch in Teilzeit? Hält dein Arbeitgeber dir deinen Platz frei? Wenn ja, erwartet er dafür, dass du nach sechs Monaten oder spätestens einem Jahr zurückkommst, oder hast

TIPP

In eurem eigenen Interesse empfehle ich euch, **miteinander zu sprechen**. Ihr müsst nicht sofort zu einem Ergebnis kommen, häufig ändern sich Meinungen und Situationen mit einem Kind auch mit der Zeit, aber kommuniziert eure eigene Position und kennt auch die eures Partners.

du dafür länger Zeit? Und wie geht es mit deiner Führungsverantwortung weiter? Kannst du sie auch in Teilzeit fortführen?
Auch hier lohnt sich erfahrungsgemäß das offene und ehrliche Gespräch, in dem die jeweiligen Wünsche und Erwartungshaltungen klar kommuniziert werden. Wenn dir die Rückkehr an deinen früheren Arbeitsplatz wichtig ist, solltest du die Erwartungshaltung deines Arbeitgebers kennen und für dich entscheiden, ob du dieser entsprechen möchtest oder ihm einen Kompromissvorschlag anbietest.
Wenn du langfristig bei deinem Arbeitgeber zufrieden sein möchtest, sollte diese Beziehung ähnlich der Partnerschaft auf gegenseitigem Vertrauen und Wertschätzung basieren. Sollte dies jedoch nicht (mehr) der Fall sein und du siehst nach der Elternzeit keine Perspektive mehr bei deinem Arbeitgeber, bietet die Elternzeit gute Ausgangsbedingungen für eine berufliche Veränderung.

Der Wunsch nach beruflicher Veränderung

Die Elternzeit bietet das optimale Sprungbrett, um sich beruflich zu verändern. Möchtest du dich auf eine neue Stelle bei einem anderen Arbeitgeber bewerben? Oder endlich ein Studium, eine Weiterbildung oder eine Selbstständigkeit beginnen, über die du schon so lange nachdenkst? Dann kann jetzt der passende Zeitpunkt dafür sein. Mit dem sicheren Arbeitsverhältnis in der Hinterhand und dem Wissen, dorthin zurückkehren zu können, fällt vielen Zögerern die Unsicherheit der Veränderung und des Neuanfangs leichter. Hier wäre übrigens die Empfehlung, die Elternzeit für drei Jahre anzumelden. Solltest du zum Beispiel für einen Konzern tätig sein, in dem größere Umstrukturierungen mit Personalreduzierung angekündigt wurden, kannst du möglicherweise auf ein Angebot zur Aufhebung des Arbeitsverhältnisses spekulieren: Solange du in Elternzeit bist (unabhängig davon, ob du zu Hause bist oder Teilzeit in Elternzeit arbeitest), erfolgt die Berechnung der Abfindung auf Basis deines (Vollzeit-)Gehalts vor der Elternzeit.

INFO

Falls du dich während der Elternzeit **beruflich verändern willst** und bei einem anderen Arbeitgeber beschäftigt sein oder dich selbstständig machen möchtest, musst du deinen Arbeitgeber darüber informieren.

Nachträgliche Änderungen

Bereits angemeldete Elternzeit kannst du nicht einfach kündigen. Natürlich kannst du mit deinem Arbeitgeber vereinbaren, dass du deine Elternzeit vorzeitig beendest, weil du zum Beispiel wieder mehr als die derzeit möglichen 30 Wochenstunden arbeiten möchtest und dein Arbeitgeber dazu bereit ist. Ein Recht darauf hast du allerdings nicht, es sei denn, es liegt ein besonderer Härtefall vor. Das kann zum Beispiel eine schwere Krankheit deines Partners oder Kindes sein oder eine akute Gefährdung deiner wirtschaftlichen Situation. Im Normalfall bist du aber auf die Kulanz deines Arbeitgebers angewiesen, wenn du deine Elternzeit früher als geplant beenden möchtest.
Sicherlich hängt die Bereitschaft deines Arbeitgebers unter anderem davon ab, wie hoch das aktuelle Arbeitsaufkommen und seine personelle Ausstattung ist. Hat dein Arbeitgeber aktuell gerade Personalbedarf, wirst du gute Chancen haben, die Elternzeit früher als vereinbart beenden zu können.
Das Gleiche gilt, wenn du deine Elternzeit innerhalb des Bindungszeitraums verlängern willst: Auch hier kannst du nur um eine Verlängerung bitten und bist auf die Kulanz und Bereitschaft deines Arbeitgebers angewiesen, dieser zuzustimmen. Das gilt zum Beispiel auch, wenn du nur ein Jahr Elternzeit angemeldet hast, aber nun länger zu Hause bleiben möchtest. Und selbst wenn du keine (geeignete) Betreuung findest oder dich für den beruflichen Wiedereinstieg noch

nicht bereit fühlst: Auch in diesen Fällen kannst du eine Verlängerung der Elternzeit nicht von deinem Arbeitgeber verlangen.
Es gibt nur eine Ausnahme: Bei einer weiteren Schwangerschaft kannst du deine Elternzeit vorzeitig beenden (oder unterbrechen), und zwar zu Beginn der neuen Mutterschutzfrist. Das hat den Vorteil, dass du einerseits Elternzeit des älteren Kindes »aufsparst« und andererseits, dass du für das jüngere Kind Mutterschaftsgeld in der gleichen Höhe wie beim älteren Kind erhältst.

Elternzeit und Urlaub

Wenn du in Elternzeit bist und nicht Teilzeit arbeitest, kann dein Arbeitgeber dir für jeden vollen Monat der Elternzeit deinen Urlaubsanspruch um ein Zwölftel kürzen.

Elternzeit und Resturlaub

Solltest du noch Resturlaub aus der Zeit vor Beginn der Elternzeit haben, so verfällt dieser Resturlaub nicht. Du kannst diesen Resturlaub noch nach deiner Elternzeit nehmen.

Teilzeit in Elternzeit und Urlaub

Wenn du Teilzeit in Elternzeit arbeitest, erwirbst du ganz regulär neuen Urlaubsanspruch, allerdings umgerechnet auf die Anzahl deiner Arbeitstage.

INFO

Wenn du auch nur einen einzigen Tag eines Kalendermonats nicht in Elternzeit bist, dann bleibt **dein Urlaubsanspruch** für diesen Monat bestehen. Dies ist beispielsweise für Mütter und Väter interessant, die nur einen oder zwei Monate Elternzeit nehmen und diese an den Lebensmonat des Kindes anpassen (siehe Seite 62).

Beispiel: Wenn du bei einer Vollzeitstelle 30 Tage Urlaubsanspruch im Jahr hast (sechs Wochen) und nun in Teilzeit nur an drei statt an fünf Wochentagen arbeitest, erhältst du im Jahr 18 Urlaubstage (diese Tage entsprechen in Summe ebenfalls sechs Wochen Urlaub).

BERUFLICHER WIEDEREINSTIEG

Auch wenn du nach der Geburt nicht sofort wieder Vollzeit arbeiten möchtest, gibt es verschiedene andere Möglichkeiten, trotzdem in die Arbeitswelt zurückzukehren.

Teilzeit in Elternzeit

Die Möglichkeit, Teilzeit in Elternzeit zu arbeiten, ist eine der beliebtesten Wiedereinstiegsvarianten. Zu Recht: Sie bietet verschiedene Vorteile. Schauen wir zunächst, ob du von deinem Arbeitgeber Teilzeitarbeit während der Elternzeit verlangen kennst.

TIPP

Wenn du noch **Anspruch auf Resturlaub** aus der Zeit vor Mutterschutz und Elternzeit hast und nun in Teilzeit arbeitest, wird dein Urlaubsanspruch auf die Teilzeit umgerechnet und anteilig reduziert. Insofern kann es vorteilhaft sein, sich den Urlaubsanspruch auszahlen zu lassen oder nach der Elternzeit zunächst für die Dauer des Urlaubsanspruchs Vollzeit zurückzukehren, direkt den Urlaub zu nehmen und erst danach mit der Teilzeittätigkeit zu beginnen. Dies kann zum Beispiel interessant sein, wenn du aufgrund eines Beschäftigungsverbots in der Schwangerschaft viele Tage Resturlaub hast.

Für das Recht auf Teilzeit in Elternzeit müssen folgende Voraussetzungen vorliegen:

- Arbeitest du schon mindestens seit sechs Monaten bei deinem Arbeitgeber?
- Sind bei deinem Arbeitgeber mehr als 15 ArbeitnehmerInnen beschäftigt?
- Möchtest du mindestens zwei Monate lang Teilzeit arbeiten, und zwar mindestens 15 und maximal 30 Wochenstunden?
- Gibt es von Seiten deines Arbeitgebers keine »dringenden betrieblichen Gründe«, die gegen Teilzeit sprechen?

Wenn du all diese Fragen mit »Ja« beantworten kannst, hast du grundsätzlich das Recht, von deinem Arbeitgeber Teilzeit in Elternzeit zu verlangen.

Sollte dein Arbeitgeber deinem Antrag auf Teilzeit in Elternzeit widersprechen, hat er dafür vier Wochen Zeit. Sein Widerspruch kann sich auf deine Stundenzahl oder die gewünschte Stundenverteilung (deine Arbeitszeiten) beziehen. Hat er deinem Antrag nicht widersprochen, so gilt er als genehmigt.

Eine in diesem Zusammenhang häufig gestellte Frage lautet: Was könnten dringende betriebliche Gründe sein, die gegen eine Teilzeit in Elternzeit sprechen?

Dringende betriebliche Gründe können zum Beispiel vorliegen, wenn

- dein Arbeitsplatz unabhängig von deiner Elternzeit weggefallen ist, zum Beispiel im Rahmen einer Umstrukturierung oder Stellenstreichung oder
- dein Arbeitsplatz für Teilzeit ungeeignet ist oder
- der betriebliche Ablauf durch eine Teilzeittätigkeit gestört wird oder
- eine externe Vertretung extra eingestellt wurde.

Ich kenne verschiedene Frauen, deren Arbeitgeber ihren Teilzeit-in-Elternzeit-Antrag aus dringenden betrieblichen Gründen abgelehnt haben. Nachdem diese Frauen tiefer in die Gespräche mit ihren Arbeitgebern eingestiegen sind und sich zusätzlich die Unterstützung von einem Anwalt für Arbeitsrecht geholt haben, waren die dringenden betrieblichen Ablehnungsgründe der Arbeitgeber auf einmal doch nicht mehr so dringend und es konnten Lösungen für einen Teilzeiteinstieg gefunden werden.

Was ist das Besondere an Teilzeit in Elternzeit?

Mit Teilzeit in Elternzeit hast du eine gesonderte Vereinbarung mit deinem Arbeitgeber, die nur für diesen Zeitraum der Elternzeit gilt. Dein Arbeitsvertrag wird nicht davon berührt und du behältst alle Rechte, die vor der Elternzeit vertraglich vereinbart wurden. Insbesondere mit Blick auf Position, Verantwortung und Bezahlung kann dies sehr interessant sein, da du deine bereits vereinbarten Ansprüche weiterhin behältst.

Wie beantragst du Teilzeit in Elternzeit?

Es gelten die gleichen Fristen wie bei der Elternzeitanmeldung:

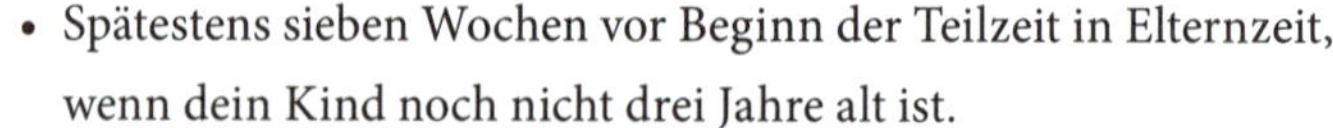

- Spätestens sieben Wochen vor Beginn der Teilzeit in Elternzeit, wenn dein Kind noch nicht drei Jahre alt ist.

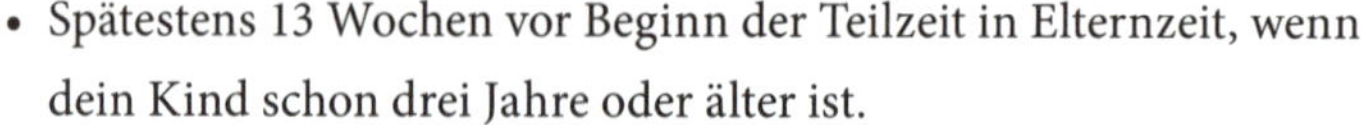

- Spätestens 13 Wochen vor Beginn der Teilzeit in Elternzeit, wenn dein Kind schon drei Jahre oder älter ist.

Teilzeit in Elternzeit kannst du grundsätzlich mündlich oder schriftlich beantragen. Die schriftliche Form hat den Vorteil, dass Missverständnisse in der Abstimmung mit dem Arbeitgeber schneller auffallen und alles gut dokumentiert ist.

TIPP

Sollte dein Arbeitgeber deinen **Teilzeitantrag** ablehnen, akzeptiere diesen Widerspruch nicht einfach, sondern erfrage die Gründe und gehe in den Dialog.

In den Antrag auf Teilzeit in Elternzeit solltest du zwingend den Starttermin schreiben, ab wann du Teilzeit in Elternzeit arbeiten möchtest, sowie die Anzahl der Wochenstunden.

Wie lange kannst du Teilzeit in Elternzeit arbeiten?

So lange, wie du Elternzeit angemeldet hast. Solltest du zum Beispiel zunächst nur zwei Jahre Elternzeit angemeldet haben, kannst du also deine Elternzeit um ein weiteres Jahr Elternzeit verlängern. Oder wenn du mehrere Kinder hast, kannst du die Elternzeitansprüche für deine Kinder hintereinander nehmen und in dem gesamten Zeitraum Teilzeit in Elternzeit arbeiten.

Was passiert, wenn die Elternzeit endet?

Dann kehrst du zu deiner ursprünglichen Stundenanzahl, die vor der Elternzeit galt, zurück oder triffst eine andere Vereinbarung mit deinem Arbeitgeber (zum Beispiel Teilzeit oder Brückenteilzeit).

TIPP

Gib in deinem **Teilzeitantrag** so genau wie möglich an, wie du die Wochenstunden verteilen möchtest, gegebenenfalls mit Angabe der konkreten Arbeitszeiten. Zum Beispiel: 25 Wochenstunden verteilt auf fünf Wochentage, jeweils 9 bis 14 Uhr. Oder 24 Wochenstunden an drei Tagen (Montag, Dienstag, Donnerstag), jeweils 8 bis 16.45 Uhr. Warum? Wenn dein Arbeitgeber deinen Arbeitszeitwünschen nicht innerhalb von vier Wochen schriftlich widersprochen hat, gelten sie als genehmigt. Gibst du keine gewünschte Verteilung deiner Arbeitszeiten an, kann es dir passieren, dass dein Arbeitgeber entscheidet, dass du zum Beispiel nur nachmittags oder nur ganze Tage arbeiten kannst.

TIPP

Weitere Details zur **Teilzeit in Elternzeit** findest du unter anderem in der Broschüre »Elterngeld, ElterngeldPlus und Elternzeit« des Bundesfamilienministeriums und auf der Website www.familienportal.de.

Teilzeit: befristet und unbefristet

Alternativ zur Teilzeit in Elternzeit hast du auch die Möglichkeit, mit deinem Arbeitgeber einen Teilzeitvertrag zu vereinbaren. Elternzeit ist hierfür nicht erforderlich, das heißt, du kannst deine Elternzeitansprüche zunächst aufbrauchen oder du sparst noch vorhandene Elternzeitansprüche für einen späteren Zeitpunkt auf (zum Beispiel, weil ihr eine längere Reise vor der Einschulung plant oder weil du das erste Schuljahr enger begleiten und dafür weniger arbeiten möchtest). Aber Achtung: Der Nachteil bei einem unbefristeten Teilzeitvertrag ist, dass du möglicherweise »für immer« auf der einmal vereinbarten Stundenanzahl festsitzt. Du hast dann keinen Anspruch mehr auf eine Rückkehr auf Vollzeit oder Aufstockung deiner Stunden. Dein Arbeitgeber kann einer Stundenerhöhung oder Rückkehr auf Vollzeit zustimmen, muss es aber nicht. Du bist hier auf sein Einverständnis angewiesen. Wie flexibel und kulant dein Arbeitgeber bei der Veränderung von Stundenzahlen ist, wirst du aufgrund von anderen Personalentscheidungen und dem Personalbedarf einschätzen können. Sicherheit hast du allerdings nicht.
Wenn dein Arbeitgeber deiner Bitte nach Rückkehr zur Vollzeit nicht zustimmt, kann das passieren, was von Politik und Medien gerne als »Teilzeitfalle« bezeichnet wird: langfristige Beschäftigung in Teilzeit bedeutet häufig weniger Verantwortung im Job, weniger Weiterentwicklungsmöglichkeiten, weniger Führungsverantwortung, weniger

Gehalt, mehr Altersarmut, mehr Geldnot im Trennungsfall. (Davon möchtest du gerade nichts wissen? Verständlich. Es ist allerdings leider häufige Realität.)

Brückenteilzeit

Seit dem 1.1.2019 gibt es das Gesetz der Brückenteilzeit. Dieses wurde von der Politik entwickelt, um vor allem Frauen vor der »Teilzeitfalle« zu schützen. Brückenteilzeit ist eine befristete Teilzeitphase für ein bis fünf Jahre. Wie bei der befristeten Teilzeit vereinbarst du mit deinem Arbeitgeber eine Stundenzahl deiner Teilzeittätigkeit und einen Zeitraum, in dem diese Stundenzahl gilt. Danach kehrst du automatisch zu deiner ursprünglichen Stundenzahl (Vollzeit) zurück.

TIPP

Um die **»Teilzeitfalle«** zu vermeiden und dir mehr Flexibilität zu sichern, kannst du mit deinem Arbeitgeber eine zeitliche Befristung der Teilzeittätigkeit vereinbaren (zum Beispiel für ein oder mehrere Jahre). Diese Befristung kannst du allerdings nicht verlangen, dein Arbeitgeber muss damit einverstanden sein. Ist dein Arbeitgeber nicht mit einer Befristung deiner Teilzeittätigkeit einverstanden? Dann prüfe, ob die Brückenteilzeit die bessere Lösung für dich ist. Am besten noch bevor du einen unbefristeten Teilzeitvertrag unterschreibst.
Mehr Informationen über Teilzeitarbeit erhältst du auf der Website www.bmas.de des Bundesministeriums für Arbeit und Soziales. Dort gibt es sowohl arbeitsrechtliche Informationen als auch Informationen zu verschiedenen Teilzeitmodellen und einen Teilzeitrechner.

<u>**Welche Voraussetzungen müssen vorliegen, damit du Brückenteilzeit beantragen kannst?**</u>

- Du arbeitest schon mindestens seit sechs Monaten bei deinem Arbeitgeber.
- Bei deinem Arbeitgeber sind mehr als 45 ArbeitnehmerInnen beschäftigt.
- Du möchtest deine normale Arbeitszeit für den Zeitraum von mindestens einem und höchstens von fünf Jahren reduzieren.
- Du musst deinen Wunsch nach Brückenteilzeit, die gewünschte Stundenzahl und die Dauer mindestens drei Monate vorher anmelden.

<u>**Was gibt es noch dabei zu beachten?**</u>

- Während der Brückenteilzeit hast du keinen gesetzlichen Anspruch, deine Arbeitszeit zu verlängern, zu verkürzen oder zu deiner ursprünglich vereinbarten Stundenzahl zurückzukehren. In diesem Fall gilt wie bei allen anderen Teilzeitmodellen: Natürlich kannst du einvernehmlich mit deinem Arbeitgeber etwas anderes vereinbaren. Du hast aber keinen rechtlichen Anspruch darauf, dass es auch gelingt.
- Dein Arbeitgeber kann deinen Wunsch nach Brückenteilzeit bis vier Wochen vor dem gewünschten Beginn aus betrieblichen Gründen ablehnen.
- Beschäftigt dein Arbeitgeber mehr als 45 und weniger als 200 Arbeitnehmer, gilt für ihn die sogenannte Zumutbarkeitsregelung: Er muss pro 15 Arbeitnehmer nur eine Brückenteilzeit genehmigen.
- Möchtest du nach dem Ende deiner Brückenteilzeit erneut deine Arbeitszeit verringern? Dann kannst du eine erneute Brückenteilzeit erst nach einem Jahr beantragen (gegebenenfalls kannst du das Jahr mit Teilzeit in Elternzeit oder einem befristeten Teilzeitvertrag »überbrücken«).

Die verschiedenen Teilzeitmodelle

Teilzeit in Elternzeit: Die Vorteile

- Du hast weiterhin einen besonderen Kündigungsschutz.
- Du bist flexibler in der Festlegung deiner Stundenanzahl zwischen 15 und 30 Wochenstunden, musst aber die Antragsfristen beachten.
- Du kannst deine Wunscharbeitszeiten im Antrag angeben. Sofern der Arbeitgeber nicht widerspricht, gelten sie als genehmigt.
- Wenn du ein weiteres Mal schwanger werden solltest, kannst du zum Beginn des Mutterschutzes für das zweite Kind die Elternzeit des älteren Kindes kündigen und erhältst die Mutterschaftsleistungen in der gleichen Höhe wie bei deinem älteren Kind.
- Du kehrst nach der Elternzeit zu deiner ursprünglich vereinbarten Arbeitszeit zurück (Vollzeit beziehungsweise die ursprünglich vereinbarte Stundenzahl).
- Innerhalb deiner Elternzeitansprüche von insgesamt drei Jahren kannst du zwei Mal Teilzeit in Elternzeit verlangen.
- Falls dein Arbeitgeber dir während deiner Elternzeit eine Aufhebung deines Vertrags in Verbindung mit einer Abfindung anbietet, werden die Ansprüche auf Grundlage deines ursprünglichen Vollzeitgehaltes ermittelt.

Teilzeit in Elternzeit: Die Nachteile

- Du »verbrauchst« deine Elternzeitansprüche und hast zu einem späteren Zeitpunkt keinen Anspruch mehr, wenn du eventuell noch einmal Bedarf haben solltest.
- Du kannst nicht mehr als 30 Wochenstunden arbeiten.

Vertraglich vereinbarte Teilzeit: Die Vorteile

- Du kannst mit diesem Modell auch mehr als 30 Wochenstunden arbeiten. Das ist bei Teilzeit in Elternzeit nicht möglich.
- Du sparst dir Elternzeit auf, die du gegebenenfalls zu einem späteren Zeitpunkt bis zum achten Geburtstag nehmen kannst (zum

Beispiel Auszeit für eine berufliche Neuorientierung, Weltreise vor der Einschulung oder zum ersten Schuljahr).

- Die aufgesparte Elternzeit kannst du auch bei einem Arbeitgeberwechsel mitnehmen. Du benötigst lediglich eine Bescheinigung von deinem alten Arbeitgeber, wie lange du Elternzeit in Anspruch genommen hast.

Vertraglich vereinbarte Teilzeit: Die Nachteile

- Du hast keinen Kündigungsschutz.
- Sofern du die Teilzeit nicht vertraglich befristet vereinbart hast, hast du keinen Anspruch, deine Stundenzahl zu erhöhen oder zur Vollzeit zurückzukehren.

Brückenteilzeit: Die Vorteile

- Es gelten die gleichen Vorteile wie bei der vertraglich vereinbarten Teilzeit.
- Du behältst den Anspruch, zur Vollzeit beziehungsweise deiner ursprünglich vereinbarten Stundenzahl zurückzukehren.

Brückenteilzeit: Die Nachteile

- Du hast keinen Kündigungsschutz.
- Du bist nicht flexibel; die vereinbarte Dauer und Stundenanzahl innerhalb der Brückenteilzeit kannst du nachträglich nicht ändern (nur wenn dein Arbeitgeber zustimmt).

Wichtiges für Lehrer

Wenn du Lehrer bist, solltest du Folgendes beachten: Für Lehrer beträgt das Volldeputat weniger Wochenstunden als für einem »normalen« Angestellten in der Wirtschaft. Je nach Schulform und Bundesland kann die Pflichtstundenzahl für eine Vollzeittätigkeit zwischen 23 und 28 Wochenstunden liegen.

Da während der Elternzeit eine Teilzeittätigkeit von maximal 30 Wochenstunden möglich ist, muss diese maximal mögliche Stundenzahl für Lehrer umgerechnet werden. Das geht mit dieser Formel: Pflichtstunden : 41 × 30. Wenn dein Volldeputat zum Beispiel 26 Pflichtstunden beträgt, rechnest du 26 : 41 × 30 = 19. Somit sind 19 Wochenstunden die maximale Stundenzahl, die du während der Elternzeit unterrichten darfst.

Ein Hinweis der Gewerkschaft Erziehung und Wissenschaft in Nordrhein-Westfalen: »In der Regel ist Teilzeit in der Elternzeit vor allem für BeamtInnen günstiger als eine »normale« Teilzeit (zum Beispiel Zuschuss zur Krankenversicherung von 31 Euro und Möglichkeit der Teilzeit mit nur wenigen Stunden). Während der Elternzeit (auch bei Teilzeit) erfolgt keine Versetzung. Sollte ein Versetzungswunsch bestehen, muss das bedacht werden. Elternzeit wird nicht auf die Höchstdauer der familienpolitischen Beurlaubung (15 Jahre – § 64 LBG) angerechnet.« (Quelle: https://www.gew-nrw.de/elternzeit-elterngeld.html, abgerufen 20.3.2020)

TIPP

Sollte die Planung deiner Elternzeit von den **Sonderregeln für Lehrer** betroffen sein, empfehle ich dir, dies einzuplanen und dich eng mit deinem Schulleiter, Interessenvertreter oder zuständigen Sachbearbeiter der Bezirksregierung abzustimmen.

Achtung: Diese Regel gilt nur für verbeamtete Lehrer. Angestellte Lehrer können das Ende der Elternzeit zum Beispiel auch auf den letzten Schultag vor den Sommerferien legen. Übrigens gibt es für Beamte und Angestellte des öffentlichen Dienstes weitere Formen der Teilzeittätigkeit, zum Beispiel Teilzeitbeschäftigung aus familiären Gründen oder voraussetzungslose Teilzeitbeschäftigung.

Weiter oben habe ich beschrieben, dass Eltern den Zeitpunkt und die Dauer ihrer Elternzeit selbst bestimmen können und somit auch, wann die Elternzeit enden soll (siehe Seite 30). Wenn du verbeamteter Lehrer bist, gilt möglicherweise etwas anderes für dich: Gemäß Freistellungs- und Urlaubsverordnung für Beamte dürfen Schulferien bei der Elternzeit nicht »ohne sachgerechte Begründung« ausgespart werden. So soll die Elternzeit mit einem zeitlichen Mindestabstand in der Länge der jeweiligen Feriendauer vor den Schulferien enden beziehungsweise nach den Ferien beginnen.

FALLBEISPIEL
Carolin und Fabian

Was heißt das konkret? Nehmen wir beispielsweise an, dass die Zwillinge von Carolin und Fabian am 8.7.2019 auf die Welt gekommen sind und Carolin zwei Jahre Elternzeit nehmen möchte. Zum 8.7.2021 möchte Carolin an ihre Schule zurückkehren. Allerdings beginnen die Sommerferien am 5.7.2021 und Carolin würde somit in der ersten Woche der Sommerferien wieder in den Schuldienst einsteigen.
Aufgrund der oben genannten Regel ist das nicht möglich, sie muss stattdessen ihre Elternzeit sechs Wochen vor den Sommerferien zum 23.5.2021 beenden. Ihr erster Unterrichtstag ist der 24.5.2021. Alternativ könnte Carolin ihre Elternzeit auch sechs Wochen nach den Sommerferien beenden, also zum 23.9.2021. Für diesen Zeitraum von zwölf Wochen hätte sie allerdings auch kein Einkommen.

CHECKLISTE ELTERNZEIT

Geburtstermin: ______________________________

Ende der Mutterschutzfrist: ______________________

Start- und Endtermin der Elternzeit: __________________

- Bindungszeitraum von 24 Monaten (bei Elternzeit vor dem dritten Geburtstag) berücksichtigt?
- Auf Abgleich mit Elterngeldlebensmonaten geachtet?

Termin, wann Elternzeit spätestens angemeldet werden muss (sieben Wochen beziehungsweise 13 Wochen vorher): __________

- Schriftliche Anmeldung der Elternzeit gegenüber dem Arbeitgeber auf einem Blatt Papier (keine E-Mail)
- Elternzeitanmeldung unterschrieben?

Stehen folgende Inhalte in der Anmeldung?

- Genaue Angabe, wann du in Elternzeit gehen möchtest:
  - Beginn und Ende mit dem jeweiligen Datum
  - Wenn Elternzeit des Vaters mit der Geburt beginnen soll: »ab Geburt« und Angabe des errechneten Geburtstermins
- Planst du, voraussichtlich Teilzeit in Elternzeit zu arbeiten? Kündige dies schon in der Elternzeitanmeldung an:
  - ab wann
  - mit wie vielen Wochenstunden und
  - mit welchen Arbeitszeiten (vormittags, an drei Tagen, welche Wochentage etc.)
- Bitte um eine schriftliche Bestätigung deines Arbeitgebers über den Erhalt der Elternzeitanmeldung mit der Angabe, von wann bis wann Elternzeit angemeldet ist und wann die Elternzeit angemeldet wurde.

Kapitel 3

Elterngeld

Eine der Hauptfragen werdender Eltern dreht sich um die Frage: Wie viel Elternzeit können wir uns überhaupt leisten? Wie sichern wir unseren Lebensunterhalt, weil wir wegen der Geburt unseres Babys in der Zeit danach weniger oder gar nicht arbeiten? Und hier kommt das Elterngeld ins Spiel.

Um die Idee des Elterngelds zu verstehen, ist der folgende Satz wichtig: Elterngeld schafft einen Ausgleich für das fehlende Einkommen, weil Eltern nach der Geburt ihres Kindes zeitweise weniger oder gar nicht mehr arbeiten.

RECHTLICHE VORAUSSETZUNGEN

Grundsätzlich kann jeder Elterngeld erhalten, der die folgenden Voraussetzungen erfüllt:

- du lebst gemeinsam mit deinem Kind in einem Haushalt
- du arbeitest entweder gar nicht oder in Teilzeit mit maximal 30 Wochenstunden
- du lebst in Deutschland
- du hast alleine ein zu versteuerndes Jahreseinkommen von unter 250 000 Euro beziehungsweise gemeinsam mit deinem Partner unter 500 000 Euro. (Nach der aktuell geplanten Gesetzesände-

INFO

Das **Elterngeld** wird (wie die Elternzeit) im Bundeselterngeld- und -elternzeitgesetz geregelt. Es ist eine staatliche Leistung für Eltern von Babys und Kleinkindern und soll helfen, die Lebensgrundlage der Familie anteilig zu sichern. Die Höhe des Elterngelds hängt vom früheren Nettoeinkommen der bezugsberechtigten Person ab.

rung soll die Einkommensgrenze für Paare zukünftig bei 300 000 Euro liegen.)

Anders als bei der Elternzeit und dem Mutterschaftsgeld gibt es vom beruflichen Hintergrund her keine Einschränkungen, um Elterngeld beziehen zu können.

Jeder, der die oben genannten Voraussetzungen erfüllt, ist Elterngeldbezugsberechtigt:

- Arbeitnehmer (mit Vollzeit-, Teilzeit-, oder Minijobvertrag, unbefristet oder befristet)
- Beamte
- Selbstständige
- Studierende
- Hausfrauen und Hausmänner
- Erwerbslose

Lebensmonate

Bevor wir in die Details rund um das Thema Elterngeld und Elterngeldbezug einsteigen, erläutere ich dir eine Besonderheit, die es in diesem Zusammenhang zu beachten gibt: Elterngeld wird nicht nach Kalendermonaten, sondern immer entsprechend der Lebensmonate deines Kindes ausgezahlt.

Was sind Lebensmonate?

Der erste Lebensmonat beginnt mit der Geburt des Kindes und endet am Tag vor dem Beginn des zweiten Lebensmonats. Beispiel: Das Kind wird am 7.10.2020 geboren. Der erste Lebensmonat geht vom 7.10.2020 bis zum 6.11.2020, der zweite Lebensmonat geht vom 7.11.2020 bis zum 6.12.2020 und so weiter.

Bei der Planung deiner Elternzeit bist du bei der Wahl der Termine völlig unabhängig und flexibel. Du kannst das Start- und Enddatum deiner Elternzeit frei wählen. Beim Elterngeld ist das anders: Elterngeldmonate hängen von den Lebensmonaten deines Kindes ab. Gerade wenn du nur in einzelnen Monaten Elterngeld beziehen willst (wie zum Beispiel bei den sogenannten »Vätermonaten«), macht es Sinn, Elternzeit und Elterngeldmonate terminlich aufeinander abzustimmen. Andernfalls kann es passieren, dass anteilige Gehaltszahlungen die Höhe des Elterngelds verringern.

BEZUGSZEITRAUM UND -DAUER

Dauer und Zeitpunkt deines Elterngeldbezugs hängen von verschiedenen Faktoren ab: welche Elterngeldvarianten du wählst, die Bezugsdauer und wie lange dein Partner Elterngeld bezieht.
Grundsätzlich könnt ihr zwischen Basiselterngeld und ElterngeldPlus wählen. Der Partnerschaftsbonus ist ein Bonus, den ihr zusätzlich erhalten könnt, wenn ihr euch die häuslichen und beruflichen Aufgaben partnerschaftlich teilt.
Bei der Elternzeit kann jeder von euch über drei Jahre Elternzeit verfügen. Beim Elterngeld könnt ihr zusammen über zwölf beziehungsweise 14 Monate Basiselterngeld verfügen und diese frei untereinander aufteilen. Einschränkung: Ein Elternteil kann maximal zwölf Monate Basiselterngeld beziehen. Einen Monat Basiselterngeld könnt ihr auch in zwei Monate ElterngeldPlus umwandeln.

Basiselterngeld und ElterngeldPlus im Vergleich

Verschaffen wir uns zunächst einen Überblick über Basiselterngeld und ElterngeldPlus, um ihre jeweiligen Vor- und Nachteile besser vergleichen zu können.

	Basiselterngeld	**ElterngeldPlus**
Höhe	• mindestens 300 Euro im Monat • maximal 1800 Euro im Monat • je nach Höhe deines früheren Nettoeinkommens.	• mindestens 150 Euro m Monat • maximal 900 Euro im Monat • die Hälfte deines Basiselterngelds

	Basiselterngeld	ElterngeldPlus
Bezugsdauer	• maximal zwölf Monate pro Person und als Paar, wenn einer gar keinen oder nur einen Monat Basiselterngeld bezieht. • maximal 14 Monate als Paar (zwölf plus zwei Partnermonate), wenn jeder mindestens zwei Monate Basiselterngeld bezieht.	• die doppelte Dauer der vorhandenen Basiselterngeldmonate (also maximal 24 beziehungsweise 28 Monate) • ein zur Verfügung stehender Monat Basiselterngeld entspricht zwei Monaten ElterngeldPlus • Achtung: Für die Mutter werden Monate mit Mutterschaftsleistungen als Basiselterngeldmonate gerechnet
Bezugszeitpunkt	• In den Lebensmonaten eins bis 14 möglich (also maximal bis das Kind ein Jahr und zwei Monate alt ist).	• In den Lebensmonaten eins bis 32 möglich beziehungsweise für die Mutter in der Regel erst ab Lebensmonat drei, wenn sie keine Mutterschaftsleistungen mehr bezieht.
Verteilung der Elterngeldmonate untereinander	• individuell und frei möglich • gleichzeitig im selben Monat oder hintereinander in unterschiedlichen Monaten • zum Beispiel eher klassisch zwölf plus zwei Monate oder partnerschaftlich sieben plus sieben Monate	• wie beim Basiselterngeld
Einkommen aus Teilzeitarbeit während Elterngeldbezug	• Finanziell nachteilig • Höhe des Basiselterngelds reduziert sich ab dem ersten Euro, den du verdienst	• finanziell attraktiver • »Daumenregel«: bis zu 50 Prozent des früheren Nettoeinkommens können hinzuverdient werden ohne Abzüge beim ElterngeldPlus
Vorteile	• höherer monatlicher Betrag, der zur Verfügung steht	• längere Bezugsdauer • gleichzeitiger Einkommensbezug bei geringer Teilzeittätigkeit führt nicht oder zu weniger Reduzierung des Elterngelds
Nachteile	• maximal ein Jahr Bezugsdauer pro Person • deutliche Reduzierung des Elterngelds bei gleichzeitigem Einkommensbezug	• geringerer monatlicher Betrag

Achtung: Elterngeld und Mutterschaftsgeld werden verrechnet

Es wird bei der Mutter grundsätzlich unterstellt, dass sie für die Dauer der Mutterschutzfrist (acht beziehungsweise zwölf Wochen nach der Geburt) Basiselterngeld bezieht. Das (tatsächlich gezahlte oder auch nur unterstellte) Mutterschaftsgeld wird mit dem Basiselterngeld verrechnet. In der Regel fließt in diesen Mutterschutzmonaten für die Frau kein Elterngeld, da das Mutterschaftsgeld der Krankenkasse plus Arbeitgeberdifferenz höher als das Basiselterngeld ist. Achtung: Daraus ergibt sich, dass dir als Mutter nach dem Ende der Mutterschutzfrist nur noch 10 mögliche Monate Basiselterngeld oder 20 mögliche Monate ElterngeldPlus zur Verfügung stehen.

Diese Vorgehensweise gilt auch für alle selbstständigen Mütter, die Anspruch auf Mutterschafts- oder ähnliche Ersatzleistungen haben (zum Beispiel als Mitglied der Künstlersozialkasse oder Krankentagegeld). Achtung: Dabei spielt es keine Rolle, ob du diese Leistungen tatsächlich in Anspruch nimmst oder nicht.

Für den Fall, dass sich die Mutterschutzfrist auf zwölf Wochen nach der Geburt verlängert, zum Beispiel bei medizinischen Früh- oder Mehrlingsgeburten, werden drei Monate Basiselterngeld verrechnet und es stehen nur noch neun Monate Basiselterngeld beziehungsweise 18 Monate ElterngeldPlus zur Verfügung. In Summe und ohne Unterbrechung kannst du als Mutter immer bis zum ersten Geburtstag des Kindes Basiselterngeld beziehen.

Der Partnerschaftsbonus

Unabhängig vom Basiselterngeld und ElterngeldPlus gibt es noch den Partnerschaftsbonus. Dieser stellt eine Belohnung dar für Eltern, die sich die familiären und beruflichen Aufgaben partnerschaftlich aufteilen. Die Belohnung besteht aus vier zusätzlichen Monaten ElterngeldPlus für beide Elternteile, allerdings nicht in der vollen Höhe, sondern deutlich reduziert aufgrund des relativ hohen Einkommens bei 25 bis 30 Wochenstunden. Zumindest den Mindestsatz in Höhe von 150 Euro erhält jeder Elternteil von euch pro Monat, was eine Mindestsumme von 1 200 Euro an zusätzlichem Elterngeld für euch beide in den vier Monaten bedeutet.

Was also sind die Voraussetzungen für den Erhalt des Partnerschaftsbonus? Ihr müsst

- beide
- in denselben vier aufeinanderfolgenden Monaten
- Teilzeit mit 25 bis 30 Wochenstunden arbeiten.

Die strengen Voraussetzungen werden immer wieder kritisiert und sollen nach dem aktuellen Gesetzesentwurf des Bundesfamilienministeriums für Geburten ab dem 1. 4. 2021 gelockert werden: Die vorgegebene Stundenzahl soll dann mindestens 24 und maximal 32 Wochenstunden betragen (sodass auch eine Drei- beziehungsweise Vier-Tage-Arbeitswoche möglich ist) und der Zeitraum reduziert sich auf zwei bis vier aufeinanderfolgende Monate. Sollte dann eine Voraussetzung nicht mehr erfüllt sein, darf der bereits ausgezahlte Partnerschaftsbonus behalten werden und muss nicht mehr vollständig zurückgezahlt werden.

Was spricht gegen den Partnerschaftsbonus?

Nach meiner Erfahrung wird der Partnerschaftsbonus aus drei weiteren Gründen häufig nicht bezogen.

- **Erstens** halten einige Paare den Partnerschaftsbonus für zu kompliziert und kommen schon mit der Beantragung von Basiselterngeld und/oder ElterngeldPlus an ihre Grenzen. Daher ignorieren sie diese Option, selbst wenn sie bereits die erforderlichen Voraussetzungen erfüllen und den Partnerschaftsbonus in Höhe von 1 200 Euro und mehr erhalten könnten. Manchmal scheitert es auch einfach am korrekten Ausfüllen der Formulare und der fehlenden Zeit oder Bereitschaft, sich erneut mit der Beantragung zu befassen.

- **Zweitens** wird die zeitliche Vorgabe von 25 bis 30 Wochenstunden von vielen Paaren nicht erreicht. Bei der klassischen Aufgabenaufteilung, die häufig gelebt wird, arbeitet der Vater Vollzeit und die Mutter Teilzeit mit etwa 20 Wochenstunden. Nicht selten haben die Väter einfach keine Lust, gegen betriebliche Widerstände zu kämpfen und ihrem Arbeitgeber zu erklären, warum sie nach den beiden freien Vätermonaten jetzt auch noch vier Monate lang Teilzeit arbeiten möchten. Diejenigen, die den ersten Elternzeitmonat ab Geburt genommen haben, hätten bereits bei ihrer Elternzeitanmeldung sieben Wochen vor dem Geburtstermin diese späteren vier Monate konkret anmelden müssen. Wenn sie das nicht getan haben, sind sie auf die Genehmigung des Arbeitgebers angewiesen. Hinzu kommt, dass die finanziellen Nachteile von den Besserverdienern als zu groß wahrgenommen werden: 75 Prozent des Gehaltes über vier Monate hinweg werden in der Regel nicht durch einen monatlichen Partnerschaftsbonus von 150 Euro aufgefangen. Das kann auch der freie Tag in der Woche nicht entschädigen (der inoffiziell manchmal auch für Homeoffice genutzt wird). Daneben sind einige Mütter wenig motiviert, ihre Stundenzahl vorübergehend auf 25 Wochenstunden und mehr aufzustocken. Sie stellen sich die Frage, ob der Partnerschaftsbonus wirklich zu einer gerechteren Verteilung der Familien- und Haushaltsaufgaben führt.
- **Drittens:** Der Partnerschaftsbonus kann unter bestimmten Umständen zu finanziellen Nachteilen beim Elterngeld führen. Und zwar dann, wenn während des Bezugs von ElterngeldPlus mit einer geringen Stundenzahl gearbeitet wurde, sodass das Erwerbseinkommen das ElterngeldPlus nicht verringert hat. Warum? Die Elterngeldstelle unterscheidet Elterngeldmonate, in denen auch Erwerbseinkommen bezogen wurde, und Monate ohne Erwerbseinkommen. Die Monate ohne Erwerbseinkommen sind sicher

und werden nicht mehr verändert. Alle anderen Monate aber, in denen Erwerbseinkommen bezogen wurde, werden in einen Topf geworfen und es wird ein Durchschnittswert ermittelt. Die Monate mit Partnerschaftsbonus sind Monate mit einem relativ hohen Einkommen, da 25 bis 30 Wochenstunden gearbeitet werden. Diese erhöhen den Einkommensdurchschnitt der Monate, in denen zum Beispiel nur 15 Wochenstunden oder in einem Minijob gearbeitet wurden, und können somit – in einigen Fällen – die Höhe des ElterngeldPlus in den vorherigen Monaten reduzieren. In dieser Hinsicht wurden bereits einige Paare vom Partnerschaftsbonus negativ überrascht, vor allem, wenn es zu nachträglichen Rückzahlungen kam. Eine verbreitete Lösung ist in diesem Fall, mit Absicht die strengen Voraussetzungen des Partnerschaftsbonus zu verletzen, um diesen Anspruch wieder zu verlieren.

Mein Tipp: Genau hinschauen

Im Grundsatz ist der Partnerschaftsbonus eine sehr gute Sache. Es ist begrüßenswert, wenn Paare in ihren Bemühungen unterstützt werden, ihre familiären und beruflichen Aufgaben partnerschaftlich zu teilen. Der Partnerschaftsbonus ist insofern ein Geschenk, den viel mehr Paare in Anspruch nehmen könnten. Allerdings empfehle ich, vorher auszurechnen und genau zu prüfen, wie sich der Partnerschaftsbonus auf die anderen Elterngeldmonate auswirkt und ob ihr zum kleinen Kreis derjenigen gehört, denen der Partnerschaftsbonus eher schadet.

GESETZLICHE VORGABEN

Grundsätzlich seid ihr frei in eurer Entscheidung, wer von euch wann und wie lange welche Elterngeldvariante wählt.
Dabei sind folgende Regeln zu beachten:

- Die Elterngeldvarianten Basiselterngeld, ElterngeldPlus und Partnerschaftsbonus könnt ihr jederzeit wechseln und sämtliche Bausteine frei miteinander kombinieren (für euch selbst und mit dem Partner).
- Der Elterngeldbezug muss nicht durchgehend erfolgen. Ihr könnt ihn bis einschließlich zum 14. Lebensmonat beliebig häufig unterbrechen beziehungsweise pausieren. Oder sogar erst ab dem 15. Lebensmonat mit dem Elterngeldbezug beginnen.
- Nach dem 14. Lebensmonat darf der Elterngeldbezug nicht mehr unterbrochen werden. Andernfalls verliert ihr noch vorhandene Ansprüche.
- In den ersten 14 Lebensmonaten könnt ihr Basiselterngeld, ElterngeldPlus oder den Partnerschaftsbonus beziehen. Ab dem 15. Lebensmonat sind nur noch ElterngeldPlus und der Partnerschaftsbonus möglich.
- In den ersten beiden (gegebenenfalls drei) Lebensmonaten, in denen du als Mutter Anspruch auf Mutterschaftsleistungen hast, kannst du nur Basiselterngeld beziehen. Auch wenn du in diesen Monaten kein Basiselterngeld beantragst, wird es automatisch unterstellt und diese Monate stehen dir später nicht mehr zur Verfügung.
- Voraussetzung für den Partnerschaftsbonus ist, dass ihr beide in den vier selben Monaten am Stück zwischen 25 und 30 Wochenstunden arbeitet. (Diese strenge Regelung soll nach einem aktuellen Gesetzesentwurf für Geburten ab dem 1. 4. 2021 gelockert werden. Dann werden – nach aktueller Planung – für den Partnerschaftsbonus zwei bis vier Monate mit mindestens 24 und maximal 32 Wochenstunden vorausgesetzt.)
- Grundsätzlich stehen euch als Paar gemeinsam zwölf Monate Basiselterngeld zur Verfügung. Wenn ihr beide mindestens zwei Monate Basiselterngeld bezieht, erhöht sich die Bezugsdauer um

zwei auf 14 Monate. Einer von euch erhält maximal zwölf Monate Basiselterngeld. Ein Monat Basiselterngeld kann in zwei Monate ElterngeldPlus umgewandelt werden.

- Bist du alleinerziehend, werden dir die beiden zusätzlichen Partnermonate nicht vorenthalten. Du bekommst sie obendrauf, sodass du insgesamt 14 Monate Basiselterngeld beziehen kannst. Als Alleinerziehende hast du auch Anspruch auf die vier Monate Partnerschaftsbonus, wenn du die vorgegebene Stundenzahl von derzeit 25 bis 30 Wochenstunden erfüllst (siehe Seite 65).

FALLBEISPIEL
Leonie und Daniel

Leonie und Daniel haben eine eher klassische Aufteilung von Arbeit und Familie. Daniel ist der Hauptverdiener; Leonie möchte sich hauptsächlich um Lilia kümmern und so lange wie möglich zu Hause bleiben.
Sie entscheiden sich dafür, dass Leonie zunächst zwei Jahre Elternzeit anmeldet (und voraussichtlich um das dritte Jahr verlängern wird) und in den Lebensmonaten 3 bis 22 ElterngeldPlus bezieht. Wegen der Mutterschaftsleistungen beantragt sie in den Lebensmonaten 1 und 2 Basiselterngeld. Leonie hält sich offen, wann sie ihren 450-Euro-Job wieder aufnimmt.
Als Selbstständiger entscheidet sich Daniel, zwei Monate lang seine Arbeitszeit auf 30 Wochenstunden zu reduzieren und in dieser Zeit Basiselterngeld zu beziehen. Da seine Einkünfte weiterhin fließen, wird er nur den Basissatz von 300 Euro erhalten.

Lilia *7. 10. 2020	von-bis	Leonie	Daniel
LM 1	7.10.20-6.11.20	Basiselterngeld (Mutterschaftsgeld)	Basiselterngeld
LM 2	7.11.20-6.12.20	Basiselterngeld (Mutterschaftsgeld)	Basiselterngeld
LM 3	7.12.20-6.1.21	ElterngeldPlus	
LM 4	7.1.21-6.2.21	ElterngeldPlus	
LM 5	7.2.21-6.3.21	ElterngeldPlus	
LM 6	7.3.21-6.4.21	ElterngeldPlus	
LM 7	7.4.21-6.5.21	ElterngeldPlus	
LM 8	7.5.21-6.6.21	ElterngeldPlus	
LM 9	7.6.21-6.7.21	ElterngeldPlus	
LM 10	7.7.21-6.8.21	ElterngeldPlus	
LM 11	7.8.21-6.9.21	ElterngeldPlus	
LM 12	7.9.21-6.10.21	ElterngeldPlus	
1. Geburtstag LM 13	7.10.21-6.11.21	ElterngeldPlus	
LM 14	7.11.21-6.12.21	ElterngeldPlus	
LM 15	7.12.21-6.1.22	ElterngeldPlus	
LM 16	7.1.22-6.2.22	ElterngeldPlus	
LM 17	7.2.22-6.3.22	ElterngeldPlus	
LM 18	7.3.22-6.4.22	ElterngeldPlus	
LM 19	7.4.22-6.5.22	ElterngeldPlus	
LM 20	7.5.22-6.6.22	ElterngeldPlus	
LM 21	7.6.22-6.7.22	ElterngeldPlus	
LM 22	7.7.22-6.8.22	ElterngeldPlus	

FALLBEISPIEL

Katja und Jan

Auch Katja und Jan teilen sich die Elterngeldmonate klassisch auf: Katja verfügt über zwölf Monate, Jan über zwei. Katja möchte nach sechs Monaten wieder an ihren Arbeitsplatz zurückkehren und zunächst bis zu Erics erstem Geburtstag

18 Wochenstunden arbeiten. Danach erhöht sie ihre Stundenzahl auf 25 Wochenstunden. Aus diesem Grund meldet Katja drei Jahre Elternzeit an, bezieht zunächst sechs Monate Basiselterngeld und in den Lebensmonaten 7 bis 18 ElterngeldPlus. Jan nimmt den ersten Monat Basiselterngeld mit Erics Geburt und den zweiten vor seinem ersten Geburtstag. Ein Geschwisterbonus entfällt, da Benedict bereits drei Jahre alt ist.

Eric *14. 10. 2020	von-bis	Katja	Jan
LM 1	14.10.20-13.11.20	Basiselterngeld (Mutterschaftsgeld)	Basiselterngeld
LM 2	14.11.20-13.12.20	Basiselterngeld (Mutterschaftsgeld)	
LM 3	14.12.20-13.1.21	Basiselterngeld	
LM 4	14.1.21-13.2.21	Basiselterngeld	
LM 5	14.2.21-13.3.21	Basiselterngeld	
LM 6	14.3.21-13.4.21	Basiselterngeld	
LM 7	14.4.21-13.5.21	ElterngeldPlus	
LM 8	14.5.21-13.6.21	ElterngeldPlus	
LM 9	14.6.21-13.7.21	ElterngeldPlus	
LM 10	14.7.21-13.8.21	ElterngeldPlus	
LM 11	14.8.21-13.9.21	ElterngeldPlus	
LM 12	14.9.21-13.10.21	ElterngeldPlus	Basiselterngeld
1. Geburtstag LM 13	14.10.21-13.11.21	Partnerschaftsbonus	Partnerschaftsbonus
LM 14	14.11.21-13.12.21	Partnerschaftsbonus	Partnerschaftsbonus
LM 15	14.12.21-13.1.22	Partnerschaftsbonus	Partnerschaftsbonus
LM 16	14.1.22-13.2.22	Partnerschaftsbonus	Partnerschaftsbonus
LM 17	14.2.22-13.3.22	ElterngeldPlus	
LM 18	14.3.22-13.4.22	ElterngeldPlus	
LM 19	14.4.22-13.5.22	ElterngeldPlus	
LM 20	14.5.22-13.6.22	ElterngeldPlus	
LM 21	14.6.22-13.7.22	ElterngeldPlus	
LM 22	14.7.22-13.8.22	ElterngeldPlus	

Alternative mit Partnerschafsbonus

Katja und Jan möchten auch den Partnerschaftsbonus erhalten. Katja arbeitet bereits 25 Wochenstunden und erfüllt somit die

Voraussetzung; Jan hat in seiner ersten Elternzeitanmeldung gegenüber dem Arbeitgeber bereits angegeben, dass er Elternzeit in den Lebensmonaten 1 sowie 12 bis 16 nimmt. In den Lebensmonaten 1 und 12 bleibt er zu Hause, in den Lebensmonaten 13 bis 16 arbeitet er Teilzeit in Elternzeit mit 30 Wochenstunden.
Gegenüber dem obigen Beispiel verändert Katja nun ihren Elterngeldantrag: Sie bezieht zwar weiterhin in den Lebensmonaten 1 bis 6 Basiselterngeld und in den Lebensmonaten 7 bis 12 ElterngeldPlus. Aber in den Lebensmonaten 13 bis 16 beantragen nun Katja und Jan gemeinsam den Partnerschaftsbonus. Ab Lebensmonat 17 setzt Katja den Bezug von ElterngeldPlus bis einschließlich Lebensmonat 22 fort.

FALLBEISPIEL
Carolin und Fabian

Carolin und Fabian teilen sich die Betreuung ihrer Zwillinge Anton und Emil partnerschaftlich. Bei der Planung ihres Elterngeldbezugs gehen sie allerdings auch eher klassissch vor. Carolin bleibt ein Jahr lang zu Hause und bezieht zwölf Monate Basiselterngeld, bevor sie zum ersten Geburtstag der Zwillinge an die Schule zurückkehrt.
Fabian meldet zwar mehr Elternzeit an, bezieht Elterngeld aber nur in den ersten drei Lebensmonaten, und zwar einen Monat Basiselterngeld und zwei Monate ElterngeldPlus (er könnte

auch zwei Monate Basiselterngeld beantragen, in Summe macht es keinen Unterschied).

Anton & Emil *2.9.2020	von-bis	Carolin	Fabian
LM 1	2.9.20–1.10.20	Basiselterngeld (Besoldung)	Basiselterngeld
LM 2	2.10.20–1.11.20	Basiselterngeld (Besoldung)	ElterngeldPlus
LM 3	2.11.20–1.12.20	Basiselterngeld (Besoldung)	ElterngeldPlus
LM 4	2.12.20–1.1.21	Basiselterngeld	
LM 5	2.1.21–1.2.21	Basiselterngeld	
LM 6	2.2.21–1.3.21	Basiselterngeld	
LM 7	2.3.21–1.4.21	Basiselterngeld	
LM 8	2.4.21–1.5.21	Basiselterngeld	
LM 9	2.5.21–1.6.21	Basiselterngeld	
LM 10	2.6.21–1.7.21	Basiselterngeld	
LM 11	2.7.21–1.8.21	Basiselterngeld	
LM 12	2.8.21–1.9.21	Basiselterngeld	

FALLBEISPIEL
Anja und Andrea

Anja und Andrea teilen sich den Elterngeldbezug partnerschaftlich auf: Jede kann über sieben Monate Basiselterngeld verfügen. Als Selbstständige und Mitglied der Künstlersozialkasse erhält Anja in den ersten beiden Lebensmonaten Mutterschaftsleistungen. Im dritten Lebensmonat beginnt sie wieder zu arbeiten. Um hinsichtlich ihrer Rechnungen flexibel zu bleiben, bezieht Anja in den Lebensmonaten 1, 2, 3, 5, 6, 8 und 9 Basiselterngeld.

Andrea nimmt Elternzeit in den Lebensmonaten 10 bis 18 und bleibt bei Sabrina zu Hause. In dieser Zeit arbeitet sie nicht. Anja hingegen kann in diesen Lebensmonaten wieder so viel arbeiten und verdienen, wie sie möchte. In den Lebensmonaten 10 bis 14 bezieht Andrea dann Basiselterngeld und in den Lebensmonaten 15 bis 18 ElterngeldPlus (da der Bezug von Basiselterngeld nur bis einschließlich Lebensmonat 14 möglich ist). Gemeinsam erhalten beide in den Lebensmonaten 19 bis 22 den Partnerschaftsbonus. In diesem Zeitraum arbeitet Anja nicht mehr als 30 Wochenstunden und Andrea wieder 30 Wochenstunden wie vor der Elternzeit.

Sabrina *30. 9. 2020	von-bis	Anja	Andrea
LM 1	30.9.20–29.10.20	Basiselterngeld (Mutterschaftsgeld)	
LM 2	30.10.20–29.11.20	Basiselterngeld (Mutterschaftsgeld)	
LM 3	30.11.20–29.12.20	Basiselterngeld	
LM 4	30.12.20–29.1.21		
LM 5	30.1.21–28.2.21	Basiselterngeld	
LM 6	28.2.21–29.3.21	Basiselterngeld	
LM 7	30.3.21–29.4.21		
LM 8	30.4.21–29.5.21	Basiselterngeld	
LM 9	30.5.21–29.6.21	Basiselterngeld	
LM 10	30.6.21–29.7.21		Basiselterngeld
LM 11	30.7.21–29.8.21		Basiselterngeld
LM 12	30.8.21–29.9.21		Basiselterngeld
LM 13 1. Geburtstag	30.9.21–29.10.21		Basiselterngeld
LM 14	30.10.21–29.11.21		Basiselterngeld
LM 15	30.11.21–29.12.21		ElterngeldPlus
LM 16	30.12.21–29.1.22		ElterngeldPlus
LM 17	30.1.22–28.2.22		ElterngeldPlus
LM 18	28.2.22–29.3.22		ElterngeldPlus
LM 19	30.3.22–29.4.22	Partnerschaftsbonus	Partnerschaftsbonus
LM 20	30.4.22–29.5.22	Partnerschaftsbonus	Partnerschaftsbonus
LM 21	30.5.22–29.6.22	Partnerschaftsbonus	Partnerschaftsbonus
LM 22	30.6.22–29.7.22	Partnerschaftsbonus	Partnerschaftsbonus

FALLBEISPIEL

Karin ist alleinerziehend und hat das alleinige Sorgerecht. Als Alleinerziehender stehen ihr auch die Partnermonate und der Partnerschaftsbonus zu. Daher meldet sie ein Jahr und sechs Monate Elternzeit an. 14 Monate bleibt sie mit Paul zu Hause und bezieht Basiselterngeld. In den Lebensmonaten 15 bis 18 arbeitet sie 30 Wochenstunden Teilzeit in Elternzeit und erhält den Partnerschaftsbonus. Wenn Paul ein Jahr und sechs Monate alt ist und die Elternzeit endet, arbeitet Karin wieder Vollzeit.

Paul *7.10.2020	von-bis	Karin
LM 1	7.10.20–6.11.20	Basiselterngeld (Mutterschaftsgeld)
LM 2	7.11.20–6.12.20	Basiselterngeld (Mutterschaftsgeld)
LM 3	7.12.20–6.1.21	Basiselterngeld
LM 4	7.1.21–6.2.21	Basiselterngeld
LM 5	7.2.21–6.3.21	Basiselterngeld
LM 6	7.3.21–6.4.21	Basiselterngeld
LM 7	7.4.21–6.5.21	Basiselterngeld
LM 8	7.5.21–6.6.21	Basiselterngeld
LM 9	7.6.21–6.7.21	Basiselterngeld
LM 10	7.7.21–6.8.21	Basiselterngeld
LM 11	7.8.21–6.9.21	Basiselterngeld
LM 12	7.9.21–6.10.21	Basiselterngeld
LM 13 1. Geburtstag	7.10.21–6.11.21	Basiselterngeld
LM 14	7.11.21–6.12.21	Basiselterngeld
LM 15	7.12.21–6.1.22	Partnerschaftsbonus
LM 16	7.1.22–6.2.22	Partnerschaftsbonus
LM 17	7.2.22–6.3.22	Partnerschaftsbonus
LM 18	7.3.22–6.4.22	Partnerschaftsbonus

FALLBEISPIEL

Julia und Max haben bereits eine zweijährige Tochter namens Hannah. Julias Arbeitsvertrag ist aufgrund einer Befristung nach Hannahs Geburt beendet worden. Nun erwarten sie ihre zweite Tochter Thea.
Da Julia in der Zwischenzeit kein neues Arbeitsverhältnis eingegangen ist, kann sie keine Elternzeit nehmen und bezieht kein Mutterschaftsgeld, sie ist Hausfrau und Mutter. Für Thea wird sie nur den Mindestsatz zuzüglich Geschwisterbonus bis zu Hannahs drittem Geburtstag erhalten. Julia entscheidet sich für die Variante Basiselterngeld.
Max ist selbstständig und kann seine Umsätze und Arbeitszeiten gut beeinflussen. Er plant daher, insgesamt vier Mal alle vier Monate ElterngeldPlus anzumelden und in diesen Monaten seinen Gewinn deutlich zu reduzieren. Er hofft, somit etwas mehr Elterngeld beziehen zu können.

Thea *7. 10. 2020	von-bis	Julia	Max
LM 1	7.10.20–6.11.20	Basiselterngeld	ElterngeldPlus
LM 2	7.11.20–6.12.20	Basiselterngeld	
LM 3	7.12.20–6.1.21	Basiselterngeld	
LM 4	7.1.21–6.2.21	Basiselterngeld	
LM 5	7.2.21–6.3.21	Basiselterngeld	ElterngeldPlus
LM 6	7.3.21–6.4.21	Basiselterngeld	
LM 7	7.4.21–6.5.21	Basiselterngeld	
LM 8	7.5.21–6.6.21	Basiselterngeld	
LM 9	7.6.21–6.7.21	Basiselterngeld	ElterngeldPlus
LM 10	7.7.21–6.8.21	Basiselterngeld	
LM 11	7.8.21–6.9.21	Basiselterngeld	
LM 12	7.9.21–6.10.21	Basiselterngeld	
LM 13	7.10.21–6.11.21		ElterngeldPlus

HÄUFIGE FEHLER

In meinen Gesprächen beobachte ich, dass es ein paar Fallen gibt, in die werdende Eltern regelmäßig tappen. Um euch davor zu bewahren, habe ich hier die fünf häufigsten Fehler beschrieben.

Fehler #1

Ein Hauptfehler besteht in der Missachtung der Regel, dass beide Partner mindestens zwei Monate Basiselterngeld beziehen müssen, um gemeinsam über 14 Monate verfügen zu können. Wenn einer von euch nur einen Monat Basiselterngeld bekommt, stehen dem anderen nur elf Monate zur Verfügung. Wenn ihr während des laufenden Elterngeldbezugs Änderungen vornehmt, überlegt vorher genau, welche Auswirkungen das auf euren gesamten Elterngeldbezug hat.

FALLBEISPIEL

Katja und Jan

Jan plant, zwei Monate Basiselterngeld zu nehmen, einen zur Geburt und den zweiten Monat vor Erics erstem Geburtstag. Als Eric neun Monate alt ist, überlegt Jan, auf seinen zweiten Monat Basiselterngeld zu verzichten, da er im Job gerade so viel zu tun hat und sein Chef ihm dies nahegelegt hat. Dies hätte jedoch zur Folge, dass Katja und er gemeinsam nur über zwölf Monate Basiselterngeld verfügen können. Der von Jan bereits genommene Monat führt dazu, dass Katja ein Monat Basiselterngeld fehlen würde.

Fehler #2

Die Mutter glaubt irrtümlich, dass sie bis zum zweiten Geburtstag Elterngeld beziehen kann, wenn sie sich für ElterngeldPlus entscheidet. Tatsächlich enden ihre Elterngeldansprüche bereits mit dem 22. Lebensmonat (also zwei Monate vor dem zweiten Geburtstag).
Wenn du als Mutter ElterngeldPlus beziehst und bis zum zweiten Geburtstag deines Kindes zu Hause bleiben möchtest, dann plane in jedem Fall Rücklagen ein, um die Lebensmonate 23 und 24 finanziell zu überbrücken. Oder kehre bereits nach dem 22. Lebensmonat in die Arbeitswelt zurück.

FALLBEISPIEL
Leonie und Daniel

Leonie möchte nach der Geburt von Lilia so lange wie möglich zu Hause bleiben. Sie entscheidet sich daher für ElterngeldPlus. In den ersten beiden Lebensmonaten von Lilia erhält Leonie Mutterschaftsgeld, daher kann sie in diesen beiden Monaten nur Basiselterngeld beziehen. Von den ihr zustehenden zwölf Monaten Basiselterngeld werden diese beiden abgezogen, sodass ihr nur noch zehn Monate Basiselterngeld zustehen. Diese zehn Monate werden in 20 Monate ElterngeldPlus umgerechnet, sodass ihre Elterngeldansprüche somit nach insgesamt 22 Monaten aufgebraucht sind. Da Leonie zusätzlich einen 450-Euro-Job hat, kann sie die weiteren Monate überbrücken und überlegt sogar, ein drittes Jahr Elternzeit zu nehmen und erst danach in ihren Angestelltenjob zurückzukehren.

Fehler #3

Die Möglichkeit, den Elterngeldbezug vorübergehend zu unterbrechen, wird nicht genutzt. Manchmal macht es Sinn, den Bezug von Elterngeld zu unterbrechen, zum Beispiel für Selbstständige mit vorübergehend hohen Einkünften, bei zwischenzeitiger Berufstätigkeit mit mehr als 30 Wochenstunden oder wenn du vorübergehend Entgeltersatzleistungen beziehst (zum Beispiel ALG I, Krankengeld oder Elterngeld für ein älteres Kind).
Prüfe, ob du diese Elterngeldmonate besser aufsparst, damit du sie zu einem späteren Zeitpunkt einsetzen kannst, zum Beispiel wenn du weniger Einkommen hast, deine Arbeitszeit wieder auf maximal 30 Wochenstunden reduzierst oder keine Entgeltersatzleistungen mehr erhältst.

FALLBEISPIEL
Anja und Andrea

Als selbstständige Fotografin kann Anja sich ihre Arbeitszeit nach ihren Bedürfnissen einteilen. Schon zwei Monate nach der Geburt von Sabrina arbeitet sie wieder stundenweise für ihre wichtigsten Stammkunden. Mit diesen hat sie vereinbart, dass sie ihnen alle drei Monate ihre Rechnungen einreicht beziehungsweise vom Kunden bezahlen lässt. In den Monaten, in denen sie den Zahlungseingang erwartet, unterbricht sie ihren Elterngeldbezug, um sicherzustellen, dass sie in den Monaten, in denen sie Elterngeld bekommt, keine Einkünfte hat, die ihre Ansprüche eventuell reduzieren könnten (siehe Seite 119).

FALLBEISPIEL
Carolin und Fabian

Fabians Arbeitsvertrag war befristet und endet, als die Zwillinge Anton und Emil sechs Monate alt sind. Er hat bereits einen neuen Arbeitsvertrag mit 20 Wochenstunden vereinbart, dieser beginnt allerdings erst in vier Monaten. Fabian überlegt: In diesen vier Monaten kann er Basiselterngeld beziehen. Er kann sich in dieser Zeit aber auch arbeitssuchend melden und Arbeitslosengeld I (ALG I) beziehen.
Da ALG I als Entgeltersatzleistung auf das Elterngeld angerechnet wird, würde er in diesen Monaten den Elterngeldbezug unterbrechen und sich diese vier Monate Basiselterngeld aufsparen. Stattdessen könnte er bis zur Aufnahme seiner Teilzeittätigkeit Arbeitslosengeld I beziehen und dann nach Beginn seiner neuen Arbeitsstelle seine Elterngeldansprüche acht Monate lang als ElterngeldPlus zusätzlich zum Gehalt beziehen. Fabian rechnet beide Alternativen durch und entscheidet sich für die Variante, die ihm finanziell interessanter erscheint.

Fehler #4:

Beginn des Elterngeldbezugs nach dem 14. Lebensmonat. Es gibt Paare, die sich erst sehr spät für den Bezug von Elterngeld entscheiden. Zum Beispiel, weil sie vorher im Ausland gelebt haben oder weil sie erst spät erfahren haben, dass sie auch als Hausfrau oder Selbstständige Elterngeld beziehen können, oder weil sie zunächst geplant haben, mehr als 30 Wochenstunden zu arbeiten, dann aber merken, dass es ihnen zu viel wird, und ihre Arbeitszeit reduzieren. Je nach Zeitpunkt, gewünschter Dauer und Elterngeldvariante kann es zu

spät sein, um Elterngeld überhaupt oder zumindest in seinen vollen Möglichkeiten zu nutzen.
Prüft spätestens zum ersten Geburtstag eures Kindes (besser ein paar Wochen vorher), welche Ansprüche auf Elterngeld ihr noch habt und ob ihr sie nutzen oder verfallen lassen möchtet.

FALLBEISPIEL
Anja und Andrea

Anja und Andrea wollten zunächst kein Elterngeld beziehen, da sie als Selbstständige und Angestellte mit 34 Wochenstunden und flexiblen Arbeitszeiten die Betreuung von Sabrina und ihre Arbeit gut vereinbaren können. Als Sabrina ein Jahr alt ist, überlegen sich die beiden, dass sie es gut fänden, wenn Andrea in den kommenden zwei Jahren Teilzeit in Elternzeit mit nur 15 Wochenstunden arbeiten und dabei ElterngeldPlus beziehen würde. Sie entscheiden dies zwei Wochen nach Sabrinas erstem Geburtstag, also in der Mitte des 13. Lebensmonats. Um ihre Ansprüche zu wahren, müssen sie spätestens ab dem 15. Lebensmonat mit dem Elterngeldbezug beginnen.
Voraussetzung für Andreas Elterngeld ist, dass sie nur maximal 30 Wochenstunden arbeitet. Sie meldet bei ihrem Arbeitgeber Elternzeit und gleichzeitig die gewünschte Teilzeit in Elternzeit mit 15 Wochenstunden an, muss dafür aber die siebenwöchige Frist zur Anmeldung der Elternzeit beachten. Sie ist um eine Woche zu spät dran und könnte somit erst ab Lebensmonat 16 mit dem Elterngeldbezug beginnen.

Zum Glück ist Anja als Selbstständige flexibler und kann sofort ab Lebensmonat 14 ihre Stundenzahl auf maximal 30 Wochenstunden reduzieren, für sich zwei Monate Elterngeld beantragen und somit ihre gemeinsamen Elterngeldansprüche wahren.

Fehler #5:

Es kommt relativ häufig vor, dass die für beide Partner vorgegebene Arbeitszeit von 25 bis 30 Wochenstunden während des Bezugs des Partnerschaftsbonus über- oder unterschritten wird – mit der Folge, dass der Partnerschatsbonus nicht ausgezahlt wird.
Achtet genau darauf, dass ihr eure Arbeitszahl von mindestens 25 und maximal 30 Wochenstunden nicht unter- oder überschreitet, während ihr den Partnerschaftsbonus bezieht. Dies passiert häufiger insbesondere bei Angestellten, die regelmäßig Überstunden leisten, oder bei Personen mit Mischeinkünften, die neben der Festanstellung auch nebenberuflich selbstständig sind.

FALLBEISPIEL
Katja und Jan

Während der Monate, in denen sie den Partnerschaftsbonus beziehen, arbeitet Katja 25 Wochenstunden und Jan 30 Wochenstunden. Jan ist nebenberuflich selbstständig und hat je nach Auftragslage unterschiedlich viel zu tun. Während der vier Monate, in denen er den Partnerschaftsbonus bezieht, darf er die Stundenzahl von 30 Wochenstunden nicht überschreiten und somit nicht im Rahmen seiner nebenberuflichen Selbstständigkeit tätig sein.

Wie findet ihr die für euch beste Variante?

Wie ihr nun wisst, gibt es zahlreiche verschiedene Möglichkeiten, das Elterngeld untereinander aufzuteilen und zu beziehen.
Eine große Hilfe bei der Planung bietet der ausführliche Elterngeldrechner des Bundesfamilienministeriums unter www.familienportal.de. Das Tool »denkt mit« und weist euch darauf hin, ob ihr eure gesamten Elterngeldansprüche verplant, noch Monate übrig oder Monate falsch geplant habt. Das erleichtert den Überblick über die zu verteilenden Elterngeldmonate. Außerdem könnt ihr dort ausrechnen, wie viel Elterngeld ihr (ungefähr) erhalten werdet.
Die Vielzahl an Kombinationsmöglichkeiten führt häufig zu Verwirrung und einer Planung, die nicht zielführend ist und an der Lebenswirklichkeit vorbeigeht. Daher empfehle ich euch, zunächst zu überlegen, welche Konstellation für euch realistisch ist und zu euren individuellen Wünschen und Bedürfnissen, aber auch zur harten Faktenlage (Finanzen) passt.
<u>Fragen, die für die Elterngeldplanung wichtig sind:</u>

- Wie lange möchtet ihr jeweils zu Hause bleiben? Möchtet ihr beide Elternzeit nehmen? Wenn ja, gleichzeitig oder zeitversetzt? Möchtet ihr während der Elternzeit zu Hause bleiben oder Elterngeld beziehen und Teilzeit arbeiten?
- Wie ist eure finanzielle Situation? Könnt ihr beide Elterngeld beziehen? Wie viele Monate Elterngeld könnt und wollt ihr euch leisten?
- Wann möchtet ihr jeweils an euren Arbeitsplatz (beziehungsweise in die Arbeitswelt) zurückkehren? Wer von euch möchte wann mit wie vielen Stunden arbeiten?

- Wie teilt ihr Berufstätigkeit und Familienarbeit partnerschaftlich untereinander auf?
- Wie organisiert ihr die Betreuung eures Babys? Könnt ihr euch mit der Betreuung zunächst abwechseln, indem ihr beide Teilzeit arbeitet? Ab welchem Zeitpunkt ist eine außerhäusliche Betreuung realistisch? Wer von euch übernimmt wann und wie lange die Eingewöhnung bei der Tagesmutter oder im Kindergarten?
- Welche finanziellen Notwendigkeiten habt ihr? Wie hoch sind eure monatlichen Kosten und inwieweit könnt ihr sie durch das Elterngeld abdecken? Wie viel Gehalt müsst ihr zusätzlich verdienen?
- Wann wollt ihr gemeinsam eine Auszeit nehmen (Urlaub)?
- Gibt es besondere (berufliche oder private) Situationen in den kommenden 24 Monaten, die ihr bei der Planung berücksichtigen solltet (zum Beispiel eine längere Reise, einen Umzug, Hauskauf, eine berufliche Veränderung)?

Kapitel 4

Die Höhe des Elterngelds

WIE VIEL ELTERNGELD BEKOMMT IHR?

Manchmal erlebe ich in meinen Gesprächen mit werdenden Eltern, dass sie eine Wunschvorstellung haben, wer wann wie lange Elterngeld bezieht, und wir bei der Berechnung leider feststellen, dass sie sich das in dieser Form nicht leisten können. Aus diesem Grund ist es wichtig zu wissen, mit welchen Elterngeldbeträgen ihr voraussichtlich rechnen könnt.
Beim Elterngeld ist es wichtig zu verstehen, dass es sich um einen Ausgleich für geringeres oder fehlendes Einkommen handelt, weil ihr euch um euer Kind kümmert. Daher richtet sich die Höhe des Elterngelds danach, wie viel ihr vor der Geburt eures Kindes verdient habt und wie viel ihr nach der Geburt verdient.
Vereinfacht gesagt: Verdient ihr nach der Geburt weiterhin so viel wie vorher, erhaltet ihr nur wenig Elterngeld (gegebenenfalls den Mindestbetrag), da davon auszugehen ist, dass ihr weiterhin viel arbeitet und wenig Zeit auf die Betreuung eures Kindes verwendet. Je größer aber die Differenz zwischen eurem Gehalt vor der Geburt und nach der Geburt ist, desto mehr Elterngeld erhaltet ihr. Weil davon ausgegangen wird, dass ihr weniger oder gar nicht arbeitet, um Zeit mit eurem Kind zu verbringen.

65 Prozent und mehr des Nettoeinkommens

In der Öffentlichkeit heißt es häufig, das Elterngeld betrage 65 Prozent des Nettoeinkommens. Und häufig ist dies auch der Fall, aber längst nicht immer. Diese Aussage trifft nur zu, wenn dein gesamtes bisheriges Einkommen nach der Geburt erst einmal wegfällt und du während des Elterngeldbezugs kein Einkommen aus einer Erwerbstätigkeit hast. Wenn du hingegen Einkommen beziehst, während du Elterngeld bekommst, beträgt das Elterngeld 65 Prozent der Differenz zwischen deinem jetzigen Einkommen und dem vor der Geburt.

Geringverdiener bekommen mehr

Zudem gelten diese 65 Prozent nur für »Normalverdiener«. Das Elterngeld von Geringverdienern ist in der Regel höher als 65 Prozent und kann sogar auf bis zu 100 Prozent steigen. Je geringer dein Einkommen vor der Geburt ist, desto größer ist der Prozentsatz. Als Geringverdiener gilt, wer vor der Geburt des Kindes ein Nettogehalt von weniger als 1 240 Euro hat.

Es gibt einen Höchstsatz

Wer hingegen vor der Geburt ein monatliches Nettoeinkommen von mehr als 2 770 Euro erwirtschaftet hat, bekommt den maximalen Elterngeldbetrag, der momentan bei 1 800 Euro liegt – mehr gibt es nicht, egal, wie viel du verdienst.

Liegst du mit deinem Einkommen über dieser Grenze, dann gilt aber auch: Wenn du während des Elterngeldbezugs arbeitest, wird das Elterngeld aus dem Unterschied von 2 770 Euro und deinem Einkommen nach der Geburt berechnet.

Als Orientierungshilfe könnt ihr in dieser Tabelle ablesen, mit welchem Prozentsatz ihr bei der Berechnung eures Elterngelds voraussichtlich rechnen könnt:

Nettoeinkommen vor der Geburt (bzw. Differenz zwischen Einkommen vor und nach der Geburt)	Prozentsatz	Prozentsatz des Nettoeinkommens = Höhe des Elterngelds
mehr als 2770 €	monatlicher Maximalbetrag	900 € ElterngeldPlus beziehungsweise 1800 € Basiselterngeld
1240–2770 €	65 Prozent	
1200–1240 €	65–67 Prozent	1238 € → 65,1 Prozent 1236 € → 65,2 Prozent 1234 € → 65,3 Prozent
1000–1200 €	67 Prozent	
weniger als 1000 €	67–100 Prozent	998 € → 67,1 Prozent 996 € → 67,2 Prozent 994 € → 67,3 Prozent
kein Einkommen	monatlicher Mindestbetrag	150 € ElterngeldPlus beziehungsweise 300 € Basiselterngeld

Elterngeldnetto

Nun kommt ein weiterer Faktor hinzu, der die eigene Berechnung des voraussichtlichen Elterngelds erschwert:
Das Elterngeld wird nicht auf der Grundlage deines tatsächlichen Nettogehaltes, sondern auf Basis des sogenannten »Elterngeldnettos« berechnet. Die Elterngeldstelle ermittelt diesen Betrag anhand deines Bruttoeinkommens und wendet dazu ein vereinfachtes Verfahren an. Deswegen gibst du in deinem Elterngeldantrag auch nicht die Höhe deines Einkommens an, sondern fügst einfach deine Gehaltsabrechnungen bei.
Bei diesem vereinfachten Berechnungsverfahren werden Steuern und Sozialabgaben pauschal berücksichtigt. Daher ist das von der Elterngeldstelle ermittelte Elterngeldnetto in der Regel etwas niedriger als dein tatsächliches Nettogehalt, das dein Arbeitgeber dir monatlich überweist.

TIPP

Ich empfehle, dein voraussichtliches Elterngeld nicht selbst zu berechnen, sondern den bereits genannten, ausführlichen **Elterngeldrechner** auf der Website des Bundesfamilienministeriums unter www.familienportal.de zu benutzen. Auch wenn dieses Tool nicht 100 Prozent exakt rechnet, ist es unter den Online-Rechnern der seriöseste. Sollten dich die genauen Berechnungsmodalitäten interessieren, findest du detaillierte Erläuterungen unter anderem in der Broschüre »Elterngeld, ElterngeldPlus und Elternzeit« des Bundesfamilienministeriums. Diese kannst du ebenfalls unter www.familienportal.de herunterladen oder bestellen.

Weitere Einflussfaktoren

Neben deinem Einkommen vor der Geburt und während des Elterngeldbezugs gibt es ein paar weitere Faktoren, die beeinflussen, wie hoch dein Elterngeld ist:

Bekommt ihr Zwillinge oder Mehrlinge?

Wer Zwillinge oder weitere Mehrlinge bekommt, erhält nicht die doppelte oder dreifache Menge Elterngeld. Begründung: Beim Elterngeld geht es um den Verdienstausfall, weil du dich um dein neugeborenes Kind kümmerst. Wenn du Zwillinge bekommst, fällt dein Einkommen ja trotzdem nur einmal weg. Stattdessen bekommst du einen Mehrlingszuschlag zum Elterngeld, wie er in der Tabelle steht:

	Basiselterngeld	ElterngeldPlus
Zwillinge	+ 300 € pro Monat	+ 150 € pro Monat
Drillinge	+ 600 € pro Monat	+ 300 € pro Monat
Vierlinge	+ 900 € pro Monat	+ 450 € pro Monat

Die Mindest- und Höchstbeträge beim Elterngeld, die sich aus diesem Zuschlag für Mehrlingseltern ergeben, könnt ihr der folgenden Tabelle entnehmen:

	Basiselterngeld	ElterngeldPlus
Zwillinge	Mindestens 600 €, maximal 2100 € pro Monat	Mindestens 300 €, maximal 1050 € pro Monat
Drillinge	Mindestens 900 €, maximal 2400 € pro Monat	Mindestens 450 €, maximal 1200 € pro Monat
Vierlinge	Mindestens 1200 €, maximal 2700 € pro Monat	Mindestens 600 €, maximal 1350 € pro Monat

Habt ihr bereits Kinder?

Es gibt einen Geschwisterbonus, der euer Elterngeld erhöht, wenn eine der folgenden Voraussetzungen erfüllt ist: In eurem Haushalt

- lebt mindestens ein weiteres Kind unter drei Jahren
- leben mindestens zwei weitere Kinder unter sechs Jahren
- lebt mindestens ein weiteres Kind mit Behinderung unter 14

Die Höhe des Geschwisterbonus siehst du hier:

Basiselterngeld	10 Prozent, mindestens 75 € pro Monat
ElterngeldPlus	10 Prozent, mindestens 37,50 € pro Monat

Daraus ergeben sich folgende Mindest- und Höchstbeträge beim Elterngeld für Geschwistereltern:

	Mindestbetrag	**Höchstbetrag**
Basiselterngeld	Mindestens 375 € pro Monat	Maximal 1980 € pro Monat
ElterngeldPlus	Mindestens 187,50 € pro Monat	Maximal 990 € pro Monat

Der Geschwisterbonus wird nur so lange ausgezahlt, wie die Voraussetzungen dafür erfüllt sind. Wird zum Beispiel das ältere Kind während des Bezugszeitraums drei Jahre alt, wird der Geschwisterbonus ab diesem Lebensmonat nicht mehr gezahlt und das Elterngeld reduziert sich entsprechend.

Bekommst du andere staatliche Leistungen?

Wenn du andere staatliche Leistungen erhältst, ist die Wahrscheinlichkeit groß, dass diese Leistungen auf das Elterngeld angerechnet werden. Das bedeutet, dass du diese Leistung zwar unverändert erhältst, dein Elterngeld dadurch aber geringer ausfällt. Dies ist zum Beispiel bei den folgenden Entgeltersatzleistungen der Fall:

- Arbeitslosengeld I
- Mutterschaftsgeld beziehungsweise Mutterschaftsleistungen für ein jüngeres Kind
- Elterngeld für ein älteres Kind
- Gründungszuschuss
- Kurzarbeitergeld (Ausnahme: Kurzarbeit im Rahmen der Covid-19-Pandemie)
- Krankengeld
- Erwerbungsunfähigkeitsrente und andere Renten

Vereinfacht gesagt: Den Mindestbetrag von 300 Euro Basiselterngeld beziehungsweise 150 Euro ElterngeldPlus bekommst du auf jeden Fall. Darüber hinaus wird dein Elterngeldanspruch mit der anderen

TIPP

Wenn du ein **zweites Kind** bekommst, während du für das erste Kind noch Elterngeld beziehst, solltest du prüfen, ob das Elterngeld von Kind 1 auf deinen Elterngeldanspruch für Kind 2 angerechnet wird. Es kann ratsam sein, das Elterngeld von Kind 1 vorzeitig aufzubrauchen. Wenn du ElterngeldPlus beziehst, kannst du dies rückwirkend in Basiselterngeld umwandeln. Unter Umständen kann es sinnvoll sein, den Elterngeldbezug zu unterbrechen, bis der Bezug der anderen Leistung endet.

Leistung verrechnet, welche dir ebenfalls ausgezahlt wird. Ist die andere Leistung höher, erhältst du kein weiteres Elterngeld.
Ist dein Elterngeldanspruch höher, erhältst du zusätzlich zur anderen Leistung die darüber hinausgehende Differenz des Elterngelds.

FALLBEISPIEL
Carolin und Fabian

Carolin ist verbeamtete Lehrerin. Nach der Geburt der Zwillinge Anton und Emil wird sie ein Jahr zu Hause bleiben und zwölf Monate Basiselterngeld beziehen. Fabian ist angestellt und nimmt zunächst drei Monate Elternzeit. In diesen drei Monaten bezieht Fabian einen Monat Basiselterngeld und zwei Monate ElterngeldPlus.

	Carolin	Fabian
Beruf	verbeamtete Lehrerin	Angestellter
Besoldung | Bruttogehalt	4500 €	4000 €
Steuerklasse	4	4
Kirchensteuer	ja	ja
Krankenversicherung	privat	gesetzlich
Einkommen während des Elterngeldbezugs	nein	nein

So hoch wird das Elterngeld von Carolin und Fabian sein:

	Elterngeld-variante	Elterngeld	Mehrlings-zuschlag	monatliches Elterngeld	Bezugs-dauer
Carolin	Basiseltern-geld			Besoldung (Mutter-schutz)	3x
Carolin	Basiseltern-geld	1800 €	300 €	2100 €	9x
Fabian	Basiseltern-geld	1489 €	300 €	1789 €	1x
Fabian	ElterngeldPlus	744 €	150 €	894 €	2x

Carolin und Fabian könnten ihr Elterngeld noch weiter erhöhen, wenn sie spätestens ab Lebensmonat 15 beide vier Monate lang 25 bis 30 Wochenstunden arbeiten und den Partnerschaftsbonus beziehen. Dieser beträgt für sie gemeinsam in Summe mindestens 2 400 Euro (inklusive Mehrlingszuschlag). Da Carolin Lehrerin ist, ist für sie die erforderliche Wochenstundenzahl umzurechnen. Die Rechenformel lautet: Pflichtstunden : 41 × 30 beziehungsweise 25. Carolin hat 28 Pflichtstunden und muss somit mindestens 17 beziehungsweise maximal 20,5 Wochenstunden arbeiten, um die Voraussetzung des Partnerschaftsbonus zu erfüllen (siehe ab Seite 65). Gleichzeitig müsste Fabian, der ab dem zehnten Lebensmonat der Zwillinge einen neuen Arbeitsvertrag mit 20 Wochenstunden eingeht, vorübergehend für die vier Monate, in denen sie den Partnerschaftsbonus beziehen möchten, seine Arbeitszeit auf 25 bis 30 Stunden aufstocken.

FALLBEISPIEL
Leonie und Daniel

Leonie ist Angestellte in einem Betrieb und hat nebenbei noch einen 450-Euro-Job. Sie möchte nach der Geburt von Lilia so lange wie möglich zu Hause bleiben und meldet in ihrem Hauptjob zwei Jahre Elternzeit an. Wenn Lilia ein halbes Jahr alt ist, nimmt Leonie ihren 450-Euro-Job wieder auf. Für die maximale Dauer von 22 Monaten bezieht sie zusätzlich zu ihrem Minijob ElterngeldPlus.
Daniel ist selbstständig. Er reduziert zwei Monate lang seine Arbeitszeit auf 30 Wochenstunden, um für diesen Zeitraum zweimal den Mindestbetrag von 300 Euro zu erhalten.

	Leonie	Daniel
Beruf	Angestellte	selbstständig
Bruttogehalt/Gewinn	2200 €	4000 €
Minijob	450 €	
Steuerklasse	5	3
Kirchensteuer	ja	nein
Krankenversicherung	gesetzlich	freiwillig gesetzlich
Einkommen während des Elterngeldbezugs	ja	ja
Höhe des Einkommens während des Bezugs	450 € ab LM 7	4000 € ab LM 1

So hoch wird das Elterngeld von Leonie und Daniel sein:

	Elterngeld-variante	Bezugsdauer	monatliches Elterngeld	Einkommen
Leonie	Basiselterngeld	2x	Mutterschafts-geld	ohne Einkommen
Leonie	ElterngeldPlus	20x	509 €	450 € (ab LM 7)
Daniel	Basiselterngeld	2x	300 €	4000 € (durchgehend)

FALLBEISPIEL

Katja arbeitet in einem internationalen Konzern. Sie plant, an ihren Arbeitsplatz zurückzukehren, sobald Eric sechs Monate alt ist. Sie wird zunächst sechs Monate lang 18 Stunden Teilzeit in Elternzeit arbeiten und dann von Erics erstem bis zu seinem dritten Geburtstag 25 Stunden Teilzeit in Elternzeit an ihren Arbeitsplatz zurückkehren. Weil ihre Pläne schon so konkret sind, hat sie drei Jahre Elternzeit angemeldet.
Solange sie zu Hause ist, wird Katja Basiselterngeld beziehen. Wenn sie mit dem siebten Lebensmonat Teilzeit arbeitet, wechselt sie die Variante und nimmt ElterngeldPlus. Zwischendurch bezieht sie – zusammen mit Jan - in den Lebensmonaten 13 bis 16 den Partnerschaftsbonus.
Jan bleibt im ersten und zwölften Lebensmonat zu Hause und bezieht Basiselterngeld. Damit er nur für zwei Zeitabschnitte Elternzeit anmelden muss, nehmen er und Katja den Partnerschaftsbonus, für den Jan vier Monate lang nur 30 Wochenstunden arbeitet, direkt im Anschluss an seinen freien Elternzeitmonat im zwölften Lebensmonat. Seine nebenberufliche Selbstständigkeit lässt er in allen Lebensmonaten ruhen, in denen er Elterngeld bezieht. Das bedeutet, dass er sich in diesen Monaten auch keine Rechnungen aus der Selbstständigkeit bezahlen lässt.

	Katja	Jan
Beruf	Angestellte	Angestellter + nebenberuflich selbstständig
Bruttogehalt | Gewinn	5 000 €	5 000 € + 400 €
Steuerklasse	4	4

	Katja	Jan
Kirchensteuer	ja	ja
Krankenversicherung	gesetzlich	freiwillig gesetzlich
Einkommen während des Elterngeldbezugs	ja	ja
Höhe des Einkommens während des EG-Bezugs	Ab LM 7: 2250 €; ab LM 13: 3125 €	LM 1 + 12: ohne Einkommen; LM 13 bis 16: 3750 €; jeweils keine Einkünfte aus der Selbstständigkeit

So hoch wird das Elterngeld von Katja und Jan sein:

	Elterngeld-variante	Bezugsdauer	monatliches Elterngeld	Einkommen
Katja	Basiselterngeld	2x	Mutterschafts-geld	ohne Einkommen
Katja	Basiselterngeld	4x	1761 €	ohne Einkommen
Katja	ElterngeldPlus, Partnerschafts-bonus	16x	651 €	2250 € (18 Wochenstunden), 3125 € (25 Wochenstunden)
Jan	Basiselterngeld	2x	1800 €	ohne Einkommen
Jan	Partnerschafts-bonus	4x	387 €	3750 € (30 Wochenstunden)

FALLBEISPIEL
Anja und Andrea

Anja ist selbstständig und Mitglied der Künstlersozialkasse. Damit erhält sie genau wie eine Angestellte in den Lebensmonaten 1 und 2 Mutterschaftsleistungen. Ab dem dritten Lebensmonat nimmt sie wieder Aufträge an, die sie sich erst im Folgemonat (Lebensmonat 4) bezahlen lässt.

Sie plant, sich auch weitere Rechnungen im siebten Lebensmonat bezahlen zu lassen, daher pausiert sie in den Lebensmonaten 4 und 7 mit dem Elterngeldbezug. Somit bezieht sie in den Lebensmonaten eins bis neun (mit Ausnahme der Lebensmonate 4 und 7) Basiselterngeld.
Da Anja und Andrea sich die Elterngeldmonate partnerschaftlich teilen, stehen Andrea ebenfalls sieben Monate Basiselterngeld zur Verfügung (zwölf Monate plus zwei Partnermonate). Sie startet in Lebensmonat 10 mit der Elternzeit und dem Bezug von Elterngeld. Ihre Elternzeit nimmt sie von Lebensmonat 10 bis einschließlich Lebensmonat 18 und bleibt in dieser Zeit mit Sabrina zu Hause, danach kehrt sie zu ihrem festen Vertrag mit 30 Wochenstunden zurück.
Andrea bezieht zunächst von Lebensmonat 10 bis einschließlich Lebensmonat 14 Basiselterngeld. Da ab dem 15. Lebensmonat nur noch der Bezug von ElterngeldPlus und dem Partnerschaftsbonus möglich ist, erhält sie in den Lebensmonaten 15 bis 18 ElterngeldPlus.
Im Anschluss beziehen Anja und Andrea vier Monate lang den Partnerschaftsbonus (Lebensmonat 19 bis 22), da Anja als Selbstständige ihre Arbeitszeit auf 30 Wochenstunden beschränken kann und Andrea mit ihrer festen Arbeitszeit von 30 Wochenstunden ebenfalls die Voraussetzungen des Partnerschaftsbonus erfüllt. Auf diese Weise können sie alle Möglichkeiten der staatlichen Förderung optimal für sich nutzen.

	Anja	**Andrea**
Beruf	selbstständig	Angestellte
Bruttogehalt/Gewinn	3000 €	3000 €
Steuerklasse	1	1
Kirchensteuer	nein	nein
Krankenversicherung	gesetzlich	gesetzlich

	Anja	Andrea
Einkommen während des Elterngeldbezugs	ja, in Partnerschaftsbonus-Monaten	ja, in Partnerschaftsbonus-Monaten
Höhe des Einkommens während des Bezugs	ab LM 19: 1500 €	ab LM 19: 3000 €

So hoch wird das Elterngeld von Anja und Andrea unter den oben erläuterten Annahmen ausfallen:

	Elterngeld-variante	Bezugsdauer	monatliches Elterngeld	Einkommen
Anja	Basiselterngeld	2x	Mutterschafts-geld	ohne Einkommen
Anja	Basiselterngeld	5x	1278 €	ohne Einkommen
Anja	Partnerschafts-bonus	4x	547,27 €	1500 €
Andrea	Basiselterngeld	5x	1199 €	ohne Einkommen
Andrea	ElterngeldPlus	4x	600 €	ohne Einkommen
Andrea	Partnerschafts-bonus	4x	150 €	3000 €

Die hier gezeigte Elterngeldhöhe für Anja basiert auf der Voraussetzung, dass sie in den Lebensmonaten ihres Kindes, in denen sie Elterngeld bezieht, kein Einkommen beziehungsweise keine Geldeingänge auf ihrem Konto hat.
Als Selbstständige wird Anjas Elterngeld auf Grundlage ihrer Angaben im Elterngeldantrag nur vorläufig gezahlt. Im Antrag muss sie schätzen, wie hoch ihr Einkommen nach der Geburt während des Elterngeldbezugs voraussichtlich sein wird. Nach Beendigung ihres Elterngeldbezugs muss sie der Elterngeldstelle ihre tatsächlichen Einnahmen anhand ihrer Einnahmen-Überschuss-Rechnung nachweisen und ihr Anspruch auf Elterngeld wird abschließend ermittelt.
Unter Umständen muss sie zu viel erhaltenes Elterngeld zurückzahlen oder erhält – im Falle eines höheren Anspruchs –

nachträgliche Elterngeldzahlungen. Im Unterkapitel »Einkommen nach der Geburt« (siehe ab Seite 117) findest du weitere Erläuterungen, welche Gestaltungsmöglichkeiten Anja hat und wie sich ihr Einkommen nach der Geburt auf das Elterngeld auswirkt.

FALLBEISPIEL
Karin

Karin ist alleinerziehend und hat das alleinige Sorgerecht für Paul. Sie ist angestellt und nimmt 18 Monate Elternzeit. In den ersten 14 Lebensmonaten bleibt sie bei Paul zu Hause und bezieht Basiselterngeld: Sie kann zwölf Monate plus die beiden Partnermonate in Anspruch nehmen. Ab dem 15. Lebensmonat arbeitet Karin für vier Monate Teilzeit in Elternzeit mit 30 Wochenstunden, um den Partnerschaftsbonus zu bekommen. Danach kehrt Karin zu ihrer Vollzeittätigkeit zurück.

	Karin
Beruf	Angestellte
Bruttogehalt	3700 €
Steuerklasse	1
Kirchensteuer	ja
Krankenversicherung	gesetzlich
Einkommen während des Elterngeld-bezugs	ja, in Partnerschaftsbonus-Monaten
Höhe des Einkommens während des Bezugs	ab LM 15: 2775 €.

So hoch wird das Elterngeld von Karin sein:

	Elterngeld-variante	Bezugsdauer	monatliches Elterngeld	Einkommen
Karin	Basiselterngeld	2x	Mutterschafts-geld	ohne Einkom-men
Karin	Basiselterngeld	12x	1398 €	ohne Einkom-men
Karin	Partnerschafts-bonus	4x	295 €	2775 €

Hinweis: Als Alleinerziehende kann Karin Steuerklasse 2 beantragen. Dann wird der Entlastungsbetrag für Alleinerziehende direkt beim Lohnsteuerabzug berücksichtigt, wenn Karin wieder arbeitet.

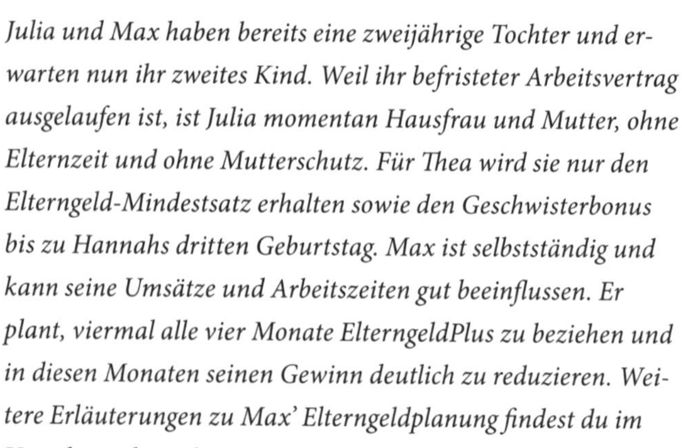

FALLBEISPIEL

Julia und Max

Julia und Max haben bereits eine zweijährige Tochter und erwarten nun ihr zweites Kind. Weil ihr befristeter Arbeitsvertrag ausgelaufen ist, ist Julia momentan Hausfrau und Mutter, ohne Elternzeit und ohne Mutterschutz. Für Thea wird sie nur den Elterngeld-Mindestsatz erhalten sowie den Geschwisterbonus bis zu Hannahs dritten Geburtstag. Max ist selbstständig und kann seine Umsätze und Arbeitszeiten gut beeinflussen. Er plant, viermal alle vier Monate ElterngeldPlus zu beziehen und in diesen Monaten seinen Gewinn deutlich zu reduzieren. Weitere Erläuterungen zu Max' Elterngeldplanung findest du im Unterkapitel »Einkommen nach der Geburt« ab Seite 123.

	Julia	Max
Beruf	Hausfrau und Mutter	selbstständig
Bruttogehalt/Gewinn	-	6000 €

	Julia	Max
Steuerklasse	5	3
Kirchensteuer	ja	ja
Krankenversicherung	privat	privat
Einkommen während des Elterngeldbezugs	nein	ja
Höhe des Einkommens während des Bezugs	-	2000 €

So hoch wird das Elterngeld von Julia und Max sein:

	Elterngeld-variante	Bezugsdauer	monatliches Elterngeld	Einkommen
Julia	Basiselterngeld	8x	375 € (mit Geschwisterbonus)	ohne Einkommen
Julia	Basiselterngeld	4x	300 €	ohne Einkommen
Max	ElterngeldPlus	2x	705 € (mit Geschwisterbonus)	2000 €
Max	ElterngeldPlus	2x	641 €	2000 €

BEMESSUNGSZEITRÄUME

Die Höhe des Elterngelds bemisst sich an deinem Einkommen vor der Geburt beziehungsweise an der Differenz deines Einkommens vor und nach der Geburt. Dafür ist der Bemessungszeitraum von zwölf Monaten wichtig. Was du in diesen relevanten zwölf Monaten an Erwerbseinkommen generiert hast, ist Grundlage für die Berechnung deines Elterngelds. Dieser Bemessungszeitraum gilt, egal wann du mit dem Elterngeldbezug beginnst (direkt nach der Geburt oder erst ab Lebensmonat 15).

Um welche zwölf Monate handelt es sich?

Das hängt vor allem davon ab, wie du dein Einkommen verdienst:

- **Wenn du nicht-selbstständig bist** und dein Einkommen als Angestellte/r oder Beamte/r verdienst, unterscheiden sich die Bemessungszeiträume von Mutter und Vater: Bei der Mutter sind die letzten zwölf Kalendermonate vor dem Beginn des Mutterschutzes ausschlaggebend. Beim Vater sind es die letzten zwölf Kalendermonate vor dem Kalendermonat der Geburt.

- **Wenn du selbstständig bist**, geht es um den letzten abgeschlossenen Veranlagungszeitraum. Das ist der Zeitraum für deine Steuererklärung, also in der Regel das letzte abgeschlossene Kalenderjahr. Als selbstständig gilt, wer in den letzten zwölf Monaten vor dem Kalendermonat, in dem das Kind geboren wird, oder im letzten abgeschlossenen Veranlagungszeitraum vor der Geburt Einkommen aus einer selbstständigen Tätigkeit hatte.
- **Wenn du Mischeinkünfte erzielst**, also sowohl selbstständig als auch nicht-selbstständig tätig bist, giltst du grundsätzlich als selbstständig. Dabei spielt es keine Rolle, in welchem Verhältnis dein Einkommens aus selbstständiger und nicht-selbstständiger Arbeit zueinander steht. Selbst wenn du in der selbstständigen Tätigkeit Verluste gemacht hast und in der Anstellung ein deutlich höheres Einkommen erhältst, giltst du als selbstständig.

Die Bemessungszeiträume der Beispielfamilien

*2. 9. 2020 Anton + Emil	Carolin	Fabian
Bemessungszeitraum	August 2019–Juli 2020	September 2019–August 2020
Begründung	12 Kalendermonate vor Beginn des Mutterschutzes im August 2020	12 Kalendermonate vor der Geburt im September 2020

*7. 10. 2020 Lilia	Leonie	Daniel
Bemessungszeitraum	August 2019–Juli 2020	Januar 2019–Dezember 2019
Begründung	12 Kalendermonate vor Beginn des Mutterschutzes im August 2020	letztes abgeschlossenes Kalenderjahr vor der Geburt/Grund: Selbstständigkeit

*14. 10. 2020 Eric	Katja	Jan
Bemessungszeitraum	August 2019–Juli 2020	Januar 2019–Dezember 2019
Begründung	12 Kalendermonate vor Beginn des Mutterschutzes im August 2020	letztes abgeschlossenes Kalenderjahr vor der Geburt/Grund: Mischeinkünfte

*30. 9. 2020 Sabrina	Anja	Andrea
Bemessungszeitraum	Januar 2019–Dezember 2019	September 2019–August 2020
Begründung	letztes abgeschlossenes Kalenderjahr vor der Geburt / Grund: Selbstständigkeit	12 Kalendermonate vor der Geburt im September 2020

*7. 10. 2020 Paul	Karin
Bemessungszeitraum	August 2019–Juli 2020
Begründung	12 Kalendermonate vor Beginn des Mutterschutzes im August 2020

*7. 10. 2020 Thea	Julia	Max
Bemessungszeitraum	September 2019–August 2020	Januar 2019–Dezember 2019
Begründung	12 Kalendermonate vor der Geburt im September 2020. Grund: kein Mutterschutz	letztes abgeschlossenes Kalenderjahr vor der Geburt. Grund: Selbstständigkeit

Den Bemessungszeitraum verändern

Es gibt zwei Situationen, in denen der Bemessungszeitraum verändert werden kann:

- Wenn du **im beschriebenen Bemessungszeitraum Elterngeld für ein älteres Kind** erhalten hast, kannst du diese Monate »ausklammern« oder »überspringen«. Der Bemessungszeitraum verschiebt sich um diese Monate weiter in die Vergangenheit. Das gilt jedoch nur für Monate bis einschließlich zum 14. Lebensmonat des älteren Kindes.
- Das Gleiche gilt für Monate, in denen du **aufgrund deiner Schwangerschaft erkrankt** warst und somit weniger oder gar kein Einkommen hattest.

Der Bemessungszeitraum beim zweiten Kind

Hier findest du ein Beispiel wie das Ausklammern und Überspringen von Monaten funktioniert, um den Bemessungszeitraum für das zweite Kind zu optimieren.

FALLBEISPIEL
Leonie und Daniel

Nehmen wir an, Leonie und Daniel planen ein Geschwisterchen für Lilia, wenn diese zwei Jahre alt ist. Der Bemessungszeitraum für das Elterngeld des zweiten Kindes wird beeinflusst durch das Elterngeld, das Leonie für Lilia erhält.
Beim zweiten Kind gilt grundsätzlich die gleiche Vorgehensweise zur Feststellung des Bemessungszeitraums: die zwölf Kalendermonate vor dem Monat, in dem der Mutterschutz für Kind 2 beginnt. Nun kommt allerdings folgende Einschränkung hinzu: Wenn Leonie in diesen zwölf Monaten noch Elterngeld für Lilia bis einschließlich zum 14. Lebensmonat erhält, werden diese Monate ausgeklammert und übersprungen und durch Monate vor der Geburt von Lilia ersetzt.
Da Leonie plant, in der Elternzeit von Lilia nur einen Minijob auszuüben, wird ihr durchschnittliches Einkommen zur Berechnung des Elterngelds für Kind 2 eher gering sein. Sie kann sich über jeden Monat, der ausgeklammert wird, freuen. Aus finanzieller Sicht könnte es ein Anreiz sein, relativ zügig Kind 2 zu bekommen. Schauen wir uns die Rechnung im Detail an:

- *Angenommener Geburtstermin von Kind 2: 30.9. 2022*
- *Bemessungszeitraum für Elterngeld von Kind 2: August 2021 bis Juli 2022*
- *Bezug von Elterngeld für Lilia: 7.10.2020 bis 6.8. 2022*
- *Lebensmonat 14 von Lilia endet am 6.12.2021*

Daraus ergibt sich folgendes: Die Kalendermonate August bis Dezember 2021 können aus dem Bemessungszeitraum für Kind 2 ausgeklammert werden. Diese fünf Kalendermonate werden ersetzt durch fünf Monate vor Beginn der Mutter-

schutzfrist von Lilia: März bis Juli 2020. Insgesamt geht somit der Bemessungszeitraum von Kind 2 von März bis Juli 2020 und Januar bis Juli 2022.

Bemessungszeitraum Kind 2:	Leonies Einkommen
März bis Juli 2020 (5 Monate)	11 000 € Brutto aus sozialversicherungspflichtigem Einkommen + 2 250 € aus Minijob
Januar bis Juli 2022 (7 Monate)	3 150 € Minijob
Durchschnittseinkommen im Bemessungszeitraum = Bemessungsgrundlage für die Berechnung des Elterngelds von Kind 2	917 € aus sozialversicherungspflichtigem Einkommen + 450 € aus Minijob

Die Grundlage für die Berechnung von Leonies Elterngeld für das zweite Kind ist also ein durchschnittliches monatliches Einkommen in Höhe von 917 Euro aus ihrem sozialversicherungspflichtigen Bruttoeinkommen und 450 Euro, die sie zusätzlich in ihrem Minijob verdient.
Daraus ergibt sich ein Basiselterngeld in Höhe von 743 € (668 € + 75 € Geschwisterbonus) beziehungsweise 371,50 € ElterngeldPlus (334 € + 37,50 € Geschwisterbonus).
Zum Vergleich: Für Lilia bekam Leonie 1 018 Euro Basiselterngeld beziehungsweise 509 Euro ElterngeldPlus.

Den Mutterschutz verschieben

Es gibt noch eine weitere Möglichkeit, den Bemessungszeitraum für das Elterngeld zumindest einen Monat nach hinten zu verschieben, um dadurch die Höhe deines Elterngelds zu optimieren: indem du als werdende Mutter deinen Mutterschutz verspätet antrittst und erst im darauffolgenden Kalendermonat beginnst.
Unter welchen Umständen macht diese Vorgehensweise Sinn? Zum Beispiel dann, wenn du nicht im gesamten Bemessungszeitraum durchgehend gearbeitet hast und somit durch einen weiteren Gehaltsmonat dein durchschnittliches Bruttogehalt im Bemessungszeitraum erhöhen kannst.

Achtung: Dieses Vorgehen ist natürlich nur unter der Voraussetzung angebracht, dass es dir und deinem ungeborenen Baby gut geht. Andernfalls solltest du lieber auf das zusätzliche Geld verzichten und dir die Ruhe gönnen, die ihr beide jetzt dringend braucht.
Dass du während der sechswöchigen Schutzfrist vor der Geburt freiwillig weiterarbeitest, ist nur möglich, wenn du diesen Wunsch ausdrücklich gegenüber deinem Arbeitgeber erklärst. Für diesen Zeitraum ruhen deine Ansprüche auf Mutterschaftsgeld und den Arbeitgeberzuschuss, wenn du Vollzeit arbeitest beziehungsweise anteilig, wenn du stundenweise weiterarbeitest.

FALLBEISPIEL
Katja und Jan

Katja ist im Januar 2020 Vollzeit in ihren Job zurückgekehrt und verdient monatlich 5 000 Euro brutto. Vorher hat sie nicht gearbeitet und somit in 2019 auch nichts verdient. Für sie gilt der Bemessungszeitraum August 2019 bis Juli 2020, weil ihr Mutterschutz am 25. August 2020 beginnt. In diesem Bemessungszeitraum hat sie nur in den Monaten Januar bis Juli 2020 ein Gesamtbruttoeinkommen in Höhe von 35 000 Euro generiert. Umgerechnet in ein durchschnittliches monatliches Bruttogehalt im gesamten Bemessungszeitraum sind das 2 917 Euro. Auf dieser Grundlage bekäme sie Basiselterngeld in Höhe von 1 150 Euro pro Monat.
Wenn Katja ihren Mutterschutz nicht am 25.8.2020 beginnt, sondern erst am 1.9.2020, verschiebt sich der relevante Bemes-

TIPP

Wenn du Basiselterngeld beziehst und **ein weiteres Kind** planst, kann es unter Umständen sinnvoll sein, den Elterngeldbezug vom ersten Kind bis zum 14. Lebensmonat auszuweiten (indem du zum Beispiel ab Lebensmonat 11 ElterngeldPlus beziehst), um zwei oder drei Kalendermonate mehr ausklammern zu können.

sungszeitraum um einen ganzen Monat nach hinten. Es gilt dann der Zeitraum von September 2019 bis August 2020. In diesem Bemessungszeitraum hat sie in den Monaten Januar bis August 2020 ein Gesamtbruttoeinkommen in Höhe von 40 000 Euro generiert. Die Tabelle zeigt, dass sich durch den um eine Woche späteren Beginn des Mutterschutzes das monatliche Basiselterngeld immerhin um 134 Euro erhöht.

Bemessungszeitraum	August 2019 – Juli 2020	September 2019 – August 2020
Gesamtbruttoeinkommen	35 000 €	40 000 €
Durchschnittliches monatliches Bruttoeinkommen im Bemessungszeitraum	35 000 €/12 Monate = 2 917 €	40 000 €/12 Monate = 3 333 €
Basiselterngeld pro Monat	1150 €	1284 €
Differenz		+ 134 € pro Monat

WAS ZÄHLT ALS EINKOMMEN?

Bei der Berechnung des Elterngelds wird nur das Einkommen berücksichtigt, dass du aus selbstständiger und nicht-selbstständiger Erwerbstätigkeit erwirtschaftest. Zusätzliche einmalige und/oder regelmäßige Einnahmequellen wie Mieteinkünfte, Depoterträge und

Ähnliches fließen hingegen nicht in die Rechnung mit ein. Warum? Die Idee des Elterngelds besteht darin, alle Eltern finanziell zu unterstützen, die sich um ihr Baby und Kleinkind kümmern und aus diesem Grund vorübergehend weniger arbeiten und somit auch weniger verdienen. Das Elterngeld soll also Einkommensausfälle kompensieren, die entstehen, weil Eltern sich um ihre Kinder kümmern. Mieteinnahmen und Vermögenserträge fließen weiter, auch wenn Eltern wegen der Kinderbetreuung nicht arbeiten, müssen also nicht ersetzt werden. Als Einkommen aus Erwerbstätigkeit zählen:

- **Alle Einkünfte, die ihr aus nicht-selbstständiger Tätigkeit**, also aus einem Angestelltenverhältnis, Dienstverhältnis (Beamte) oder aus einem Mini- oder Midijob generiert, ebenso wie geldwerte Vorteile wie ein Dienstwagen zur privaten Nutzung.
- **Alle Einkünfte, die ihr aus selbstständiger Tätigkeit**, das heißt aus freiberuflicher Nebentätigkeit, selbstständiger Arbeit, aus einem Gewerbebetrieb, aus Land- und Forstwirtschaft und aus dem Betrieb einer Fotovoltaik-Anlage bekommt.

Je höher dein Einkommen vor der Geburt war, desto höher wird auch dein Elterngeld ausfallen (Einschränkung: es sei denn, du verdienst auch während des Elterngeldbezugs viel; in diesem Fall kommt es auf die Höhe der Differenz zwischen deinem Einkommen vor und nach der Geburt an).

Wichtig ist, dass du in deinem Elterngeldantrag deine gesamten Einkünfte aus Erwerbstätigkeit nennst, die du im relevanten Bemessungszeitraum erworben hast. Also neben dem Gehalt aus deiner Festanstellung auch deinen Mini- oder Midijob. Oder neben deinem Gehalt auch deine weiteren Einkünfte aus selbstständiger Tätigkeit (Achtung: Dann handelt es sich um Mischeinkünfte und es gilt der Bemessungszeitraum der Selbstständigen, siehe Seite 102). Auch Gehaltserhöhungen im Bemessungszeitraum werden bei der Berechnung berücksichtigt.

FALLBEISPIEL

Leonie und Daniel

Leonie verdient als Angestellte monatlich ein Bruttogehalt von 2200 Euro. Zusätzlich hat sie während des gesamten Bemessungszeitraums durchgehend einen Minijob, der jeden Monat mit 450 Euro vergütet wird. Wie du der folgenden Tabelle entnehmen kannst, führt der Minijob dazu, dass Leonie jeden Monat 270 Euro mehr Basiselterngeld erhält: 1018 Euro statt 748 Euro. Wäre ihr Gehalt um 450 Euro höher, würde sich ihr Basiselterngeld lediglich um 102 Euro erhöhen. Insofern ist es sehr wichtig, dass sie ihren Minijob im Elterngeldantrag angibt.

	Einkommen im Bemessungszeitraum	Basiselterngeld	ElterngeldPlus
Bruttogehalt	2200 €	748 €	374 €
Bruttogehalt + 450 €	2650 €	850 €	425 €
Bruttogehalt + Minijob	2200 € + 450 €	1018 €	509 €

FALLBEISPIEL

Katja und Jan

Jan bezieht als Angestellter ein monatliches Bruttogehalt von 5000 Euro. Nebenbei ist er auch noch freiberuflich als Dozent tätig und erhält im Durchschnitt ein monatliches Honorar (Gewinn) in Höhe von 400 Euro.

Aufgrund der Dozententätigkeit wird er von der Elterngeldstelle als Selbstständiger eingeordnet, sodass sein Bemessungszeitraum das letzte abgeschlossene Kalenderjahr ist (siehe Seite 108). Allerdings erhöht sein Gewinn aus der Selbstständigkeit sein Elterngeld im Monat lediglich um 39 Euro, weil er dann den Höchstbetrag von 1 800 Euro bereits erreicht hat.

	Einkommen im Bemessungszeitraum	Basiselterngeld	Partnerschaftsbonus
Bruttogehalt	5 000 €	1761 €	348 €
Bruttogehalt + Gewinn aus Selbstständigkeit	5 000 € + 400 €	1800 €	387 €

Welches Einkommen wird nicht berücksichtigt?

Nicht berücksichtig werden:

Bezüge, die nicht fortlaufend gezahlt werden, zum Beispiel

- Abfindungen
- Leistungsprämien
- Provisionen
- 13. Gehalt
- Urlaubsgeld
- Weihnachtsgeld

Steuerfreie Einnahmen, zum Beispiel

- Trinkgelder
- Steuerfreie Zuschläge
- Einkünfte aus einer nebenberuflichen Tätigkeit als Übungsleiter bis 2 400 Euro

Entgeltersatzleistungen, zum Beispiel

- Arbeitslosengeld I
- Kurzarbeitergeld (bei Kurzarbeit im Rahmen der Covid-19-Pandemie können diese Monate ausgeklammert werden)
- Krankengeld

> **TIPP**
>
> Mit **Einkommen aus selbstständiger Tätigkeit** ist man es gewohnt, den Gewinn eher klein zu rechnen. Im Fall der Ermittlung des Elterngelds ist das eventuell nicht vorteilhaft (außer es wird bereits der Höchstbetrag an Elterngeld von 1800 Euro erreicht). Denn je höher der Gewinn, desto höher auch das Elterngeld.
> Prüfe, wie du den Gewinn im Kalenderjahr vor der Geburt (deinem Bemessungszeitraum) erhöhen kannst. Zum Beispiel, indem du anstehende Investitionen (Kosten) auf das kommende Jahr verlagerst oder indem du deine Rechnungen vorziehst und von deinen Kunden noch im alten Jahr bezahlen lässt. Natürlich im Rahmen der Grundsätze ordnungsmäßiger Buchführung.

Erwerbsminderungsrenten und andere Renten

Andere Einnahmen, zum Beispiel

- Arbeitslosengeld II
- Stipendien
- BAföG

<u>Tipp #1</u>

Viele Eltern ärgern sich verständlicherweise, dass bei der Berechnung ihres Elterngelds Provisionen, Tantieme und Weihnachtsgeld nicht berücksichtigt werden. Die gute Nachricht ist: Immerhin werden diese Zahlungen auch nicht berücksichtigt, während du Elterngeld beziehst. Das heißt, dass du in der Elternzeit beziehungsweise während des Elterngeldbezugs zum Beispiel deine Leistungsprämien des Vorjahres erhältst, ohne dass diese zu einer Reduzierung deines Elterngelds führen.

Tipp #2

Bei der Frage, welches Einkommen bei der Ermittlung des Elterngelds berücksichtigt wird, hast du wenig Gestaltungsspielraum. Du kannst lediglich mit deinem Arbeitgeber vereinbaren, dass dein Gehalt einen möglichst hohen festen Einkommensanteil und einen wenig variablen Anteil hat. Einige Arbeitgeber verteilen das 13. Gehalt beziehungsweise das Weihnachtsgeld auf die zwölf Monatsgehälter. Da der Bemessungszeitraum weit in die Vergangenheit reicht (mehr als ein Jahr vor der Geburt), wären solche Gehaltsabstimmungen mit dem Arbeitgeber bereits vor Beginn der Schwangerschaft sinnvoll. Wenn es für die jetzige Elterngeldberechnung bereits zu spät ist, dann empfiehlt es sich vielleicht für die nächste bei Kind Nr. 2?
Im Elterngeldantrag gibst du selbst keine Einkommenszahlen an. Du reichst nur deine Gehaltsabrechnungen ein und die Elterngeldstelle sucht für dich die entsprechenden Zahlen aus deinen Unterlagen heraus. Daher ist es wichtig, dass du deine Unterlagen komplett hast. Viele Arbeitgeber stellen die Gehaltsabrechnungen elektronisch zur Verfügung oder stellen nur monatliche Nachweise aus, wenn sich etwas beim Gehalt oder den Bezügen geändert hat. Für den Elterngeldantrag benötigst du einen lückenlosen Nachweis. Die Arbeitgeber wissen in der Regel, dass du diese Unterlagen für den Elterngeldantrag benötigst, und stellen dir auf Wunsch die erforderlichen Unterlagen aus. Auch für deine sonstigen Einkünfte aus Minijob und Zweitjob benötigst du Nachweise, sonst werden sie nicht berücksichtigt. Für Gewinne aus Selbstständigkeit genügt der letzte Steuerbescheid oder die Einnahmen-Überschuss-Rechnung beziehungsweise Bilanz.

Tipp #3

Kümmere dich vor der Geburt um den lückenlosen Nachweis deiner Einkünfte beziehungsweise kopiere deine Gehaltsabrechnungen, damit du diese Unterlagen nach der Geburt einfach nur mit dem Elterngeldantrag eintüten und versenden kannst.

Bis hierhin ging es ausschließlich um die Höhe deines Einkommens vor der Geburt deines Kindes, das für die Berechnung des Elterngelds relevant ist. Achtung: Als Nächstes geht es um dein Einkommen nach der Geburt, das du möglicherweise zeitgleich mit dem Elterngeld beziehst. Wenn du dir sicher bist, dass du kein Einkommen aus Erwerbstätigkeit während des Elterngeldbezugs haben wirst und auch nicht den Partnerschaftsbonus erhalten möchtest, kannst du den nächsten Abschnitt überspringen.

EINKOMMEN NACH DER GEBURT

Wenn du bis hierhin aufmerksam gelesen hast, weißt du, dass du etwas aufpassen musst, wenn du während des Elterngeldbezugs Einkommen aus Erwerbstätigkeit hast. Es sind zwei Aspekte zu beachten: wie viel du arbeitest und wie viel du verdienst.

Du darfst während des Elterngeldbezugs nur maximal 30 Wochenstunden arbeiten. Wenn du angestellt bist, muss dein Arbeitgeber das für die Elterngeldstelle bestätigen. Wenn du selbstständig bist, erklärst du dies selbst in deiner »Erklärung für Selbstständige«, die Teil deines Elterngeldantrags ist.

Je mehr du während des Elterngeldbezugs arbeitest beziehungsweise verdienst, desto geringer ist der Differenzbetrag zwischen deinem Einkommen vor und nach der Geburt. Dieser Unterschiedsbetrag ist die Grundlage für die Höhe deines Elterngelds.

Je höher der Unterschiedsbetrag deines Einkommens vor und nach der Geburt ist, desto höher ist dein Elterngeld. Je niedriger der Unterschiedsbetrag deines Einkommens vor und nach Geburt ist (weil du auch nach der Geburt viel beziehungsweise ähnlich verdienst), desto geringer ist dein Elterngeld. Möglicherweise erhältst du nur den Mindestbetrag von 300 Euro beim Basiselterngeld beziehungsweise 150 Euro beim ElterngeldPlus und Partnerschaftsbonus.

Folgende Regeln solltest du kennen:

- Wenn du **Basiselterngeld** beziehst, reduziert bereits der erste dazuverdiente Euro dein Elterngeld.
- Wenn du **ElterngeldPlus** beziehst, kannst du möglicherweise dazuverdienen, ohne dein Elterngeld zu reduzieren. Dazu wird als ungefährer Richtwert häufig die folgende »Daumenregel« kommuniziert: Demnach kannst du bis zu 50 Prozent deines früheren Nettogehaltes dazuverdienen, ohne Abzüge (beziehungsweise nur geringe Abzüge) beim ElterngeldPlus zu haben. Meiner Erfahrung nach sind es weniger als 50 Prozent (zum Beispiel 15–17 Wochenstunden).
- Wenn du deinen **Firmenwagen** während des Elterngeldbezugs zur privaten Nutzung behältst, gilt dies als Einkommen und reduziert (wahrscheinlich) dein Elterngeld. Auch andere Leistungen deines Arbeitgebers können dein Elterngeld verringern (Ausnahme: Bonuszahlungen, Tantiemen etc. reduzieren das Elterngeld nicht, sie wurden auch vorher im Bemessungszeitraum nicht bei der Berechnung des Elterngelds berücksichtigt).
- Rechne zunächst aus, wie sich der Firmenwagen auf dein Elterngeld auswirkt. Möglicherweise hast du keine oder geringere Abzüge, wenn du ElterngeldPlus beziehst. Wenn du Basiselterngeld beziehst, kläre mit deinem Arbeitgeber, welche Möglichkeiten du hast, vorübergehend deinen Wagen zurückzugeben. Wenn du auf den Wagen angewiesen bist und CarSharing und ElterngeldPlus keine Alternative für dich sind, wirst du die Anpassungen beim Basiselterngeld wohl akzeptieren müssen.

Wenn du nicht in allen Elterngeldmonaten etwas dazuverdienst oder wenn du in den Elterngeldmonaten unterschiedlich hohe Summen dazuverdienst, gilt Folgendes:

- Elterngeldmonate (also Lebensmonate deines Kindes, siehe Seite 62), in denen du kein Einkommen hast, werden regulär berechnet und werden durch das Einkommen in den anderen Monaten dementsprechend nicht beeinflusst.

- Für Elterngeldmonate, in denen du Einkommen hast, wird ein monatlicher Durchschnittsbetrag ermittelt. Das bedeutet, dass alle Monate, in denen du Einkommen beziehst, addiert und durch die Anzahl dieser Monate geteilt werden. Zu diesem ermittelten durchschnittlichen Einkommen wird die Differenz zum durchschnittlichen Einkommen vor der Geburt ermittelt und auf dieser Grundlage das Elterngeld berechnet.

FALLBEISPIEL

Katja und Jan

Katja bleibt in den ersten sechs Monaten nach der Geburt zunächst zu Hause und bezieht Basiselterngeld. Danach arbeitet sie Teilzeit in Elternzeit mit zunächst 18, später mit 25 Wochenstunden und bezieht ElterngeldPlus.
Schritt 1: Schauen wir uns an, wie hoch das ElterngeldPlus ausfallen würde, wenn Katja nach sechs Monaten während des gesamten Elterngeldbezugs nur 18 Wochenstunden arbeiten würde: In diesem Fall würde Katja zunächst für sechs Monate 1761 Euro Elterngeld bekommen und später bis zum Ende der Elternzeit immer noch 835 Euro ElterngeldPlus.

	Einkommen	Elterngeldvariante	Monatliches Elterngeld
LM 1 bis 6	Ohne Einkommen	Basiselterngeld	1761 €
LM 7 bis 18	2250 € Bruttogehalt (18 Std./Woche)	ElterngeldPlus	835 €

Schritt 2: Wie hoch wäre Katjas ElterngeldPlus, wenn sie nach sechs Monaten Basiselterngeldbezug während des gesamten weiteren Elterngeldbezugs 25 Wochenstunden statt der zuvor angenommenen 18 Stunden pro Woche arbeiten würde? Katjas ElterngeldPlus würde um 291 Euro sinken: Statt 835 Euro ElterngeldPlus bei 18 Wochenstunden erhält Katja bei 25 Wochenstunden nur noch 544 Euro ElterngeldPlus pro Monat.

	Einkommen	Elterngeldvariante	Monatliches Elterngeld
LM 1 bis 6	Ohne Einkommen	Basiselterngeld	1761 €
LM 7 bis 18	3125 € Bruttogehalt (25 Std./Woche)	ElterngeldPlus	544 €

Schritt 3: Wie verändert sich Katjas ElterngeldPlus, wenn sie nach sechs Monaten zu Hause zunächst sechs Monate 18 Stunden und danach sechs Monate lang 25 Stunden pro Woche arbeitet? Anhand dieser Beispielrechnung lässt sich zeigen, dass für die Lebensmonate, in denen Katja arbeitet, ein durchschnittliches Einkommen ermittelt wird: (6 × 2 250 Euro + 6 × 3 125 Euro)/12 = 2 687,50 Euro. Auf dieser Grundlage wird ein ElterngeldPlus in Höhe von 687 Euro berechnet, das für die Lebensmonate 7 bis 18, in denen Katja arbeitet, durchgängig gilt. Dieser Durchschnittsbetrag ist höher als bei einer durchgängigen Arbeitszeit von 25 und niedriger als bei einer durchgängigen Arbeitszeit von 18 Stunden pro Woche. Das schauen wir uns in den folgenden Tabellen genauer an:

	Einkommen	Elterngeldvariante	Monatliches Elterngeld
LM 1 bis 6	Ohne Einkommen	Basiselterngeld	1761 €
LM 7 bis 12	2 250 € Bruttogehalt (18 Std./Woche)	ElterngeldPlus	687 €
LM 13 bis 18	3 125 € Bruttogehalt (25 Std./Woche)	ElterngeldPlus	687 €

Schritt 4: Abschließend vergleichen wir, wie sich das ElterngeldPlus verändert, wenn Katja und Jan auch den Partnerschaftsbonus beziehen und Katja vier weitere Lebensmonate 25 Wochenstunden arbeitet: Gegenüber Schritt 3 reduzieren sich das ElterngeldPlus und der Partnerschaftsbonus, da sich das durchschnittliche Einkommen anteilig erhöht: (6 × 2 250 Euro + 10 × 3 125 Euro)/16 = 2 797 Euro. Auf dieser Grundlage verringern sich das ElterngeldPlus und der Partnerschaftsbonus in allen Einkommensmonaten auf 651 Euro.

	Einkommen	Elterngeldvariante	Monatliches Elterngeld
LM 1 bis 6	Ohne Einkommen	Basiselterngeld	1761 €
LM 7 bis 12	2 250 € Bruttogehalt (18 Std./Woche)	ElterngeldPlus	651 €
LM 13 bis 16	3 125 € Bruttogehalt (25 Std./Woche)	Partnerschaftsbonus	651 €
LM 17 bis 22	3 125 € Bruttogehalt (25 Std./Woche)	ElterngeldPlus	651 €

Einkommen aus selbstständiger Tätigkeit

Wenn du selbstständig bist, musst du zusammen mit deinem Elterngeldantrag die Erklärung für Selbstständige abgeben. Darin gibst du unter anderem eine Prognose darüber ab, wie viele Stunden du während des Elterngeldbezugs arbeiten wirst und mit welchem Gewinn du für diesen Zeitraum rechnest. Auf der Grundlage dieser Angaben wird die Höhe deines Elterngelds ermittelt. Vielleicht schätzt du sehr gut und kannst deinen zukünftigen Gewinn gut beeinflussen. Vielleicht liegst du aber mit deiner Prognose, sowohl was deine Arbeitszeit, als auch was deinen Gewinn angeht, ziemlich daneben und verdienst tatsächlich viel mehr oder viel weniger, als du geschätzt hast. Aus diesem Grund wird Selbstständigen das Elterngeld vorläufig gezahlt. Das bedeutet, dass du nach dem Ende des Elterngeldbezugs der Elterngeldstelle dein tatsächliches Einkommen nachweisen musst.

Wenn dein Einkommen im Elterngeldbezugszeitraum tatsächlich höher war, als du es in der Erklärung für Selbstständige prognostiziert hast, hast du möglicherweise zu viel Elterngeld bekommen, das du nach dem Ende des Elterngeldbezugs anteilig zurückzahlen musst. Wenn dein Einkommen im Elterngeldbezugszeitraum tatsächlich niedriger war, als du es in der Erklärung für Selbstständige geschätzt hast, hast du möglicherweise zu wenig Elterngeld erhalten und bekommst nachträglich eine Nachzahlung.
Wenn nichts anderes vereinbart ist, zieht die Elterngeldstelle von deinen Einnahmen pauschal 25 Prozent Betriebsausgaben ab. Im Antrag kannst du aber angeben, ob deine tatsächlichen Ausgaben abgezogen werden sollen. Dies macht vor allem dann Sinn, wenn deine Ausgaben 25 Prozent deiner Einnahmen übersteigen.

FALLBEISPIEL
Leonie und Daniel

Als Selbstständiger hat Daniel einen durchschnittlichen monatlichen Gewinn von 4000 Euro. Er ist der Hauptverdiener in der Familie und kann es sich nicht leisten, sein Geschäft ruhen zu lassen. Zudem hat er einen Mitarbeiter, den er weiterhin bezahlen muss. Daniel kann zumindest zwei Monate lang seine Arbeitszeit auf 30 Wochenstunden reduzieren. In diesen beiden Monaten bezieht er Basiselterngeld.
Als Gewerbetreibender ist Daniel gesetzlich dazu verpflichtet, eine Bilanz zu erstellen. Für ihn gilt das Realisations-Prinzip, das heißt, seine Einnahmen werden zu dem Zeitpunkt berück-

sichtigt, in dem die Leistung erbracht wird. Indem Daniel während der zwei Monate, in denen er Basiselterngeld bezieht, 30 Wochenstunden arbeitet, erbringt er in dieser Zeit seine Leistungen. Die Einnahmen, die er aufgrund dieser Leistungserbringung erhält, werden somit in diesen beiden Lebensmonaten berücksichtigt, selbst wenn er erst Monate später die Rechnungen schreibt oder sie erst Monate später von seinen Kunden bezahlt werden. Aufgrund des hohen Einkommens steht ihm lediglich der Mindestbetrag an Elterngeld zu. Daniel könnte nur dann ein höheres Elterngeld erhalten, wenn er deutlich weniger arbeiten beziehungsweise weniger Leistungen erbringen würde.

Elterngeldbezug	**Lebensmonate 1 und 2 von Lilia**
Arbeitszeit in den Lebensmonaten 1 und 2	Bis 30 Wochenstunden
Einkommen in den Lebensmonaten 1 und 2	4000 € pro Monat
Regel	Bilanz / Realisationsprinzip
Folge	Einkommen wird im Monat der Leistungserbringung berücksichtigt, also in den Lebensmonaten 1 und 2
Elterngeld	Basiselterngeld = 300 €

FALLBEISPIEL

Anja und Andrea

Anja ist ebenfalls selbstständig; bei ihr ist es allerdings anders als bei Daniel: Als künstlerische Fotografin ist sie freiberuflich tätig. Ihr Einkommen weist sie mit einer Einnahmen-Überschuss-Rechnung nach. Für sie gilt das Zufluss-Prinzip. Das bedeutet, dass ihre Einnahmen erst berücksichtigt werden, wenn

der Zahlungseingang bei ihr erfolgt, das heißt, wenn ihre Kunden ihre Rechnungen bezahlen.
In Bezug auf das Elterngeld ist das insofern interessant, als das Anja die eigentliche Ausübung ihrer Tätigkeit von der Bezahlung trennen kann. Für die Berechnung des Elterngelds spielt es nur eine Rolle, wann ihre Einnahmen fließen. Somit kann Anja in den Lebensmonaten, in denen sie Elterngeld bezieht, durchaus arbeiten. Sie sollte sich nur nicht bezahlen lassen. Viele Selbstständige, die eine Einnahmen-Überschuss-Rechnung machen und für die das Zufluss-Prinzip gilt, lösen die Situation so, dass sie während des Elterngeldbezugs bis maximal 30 Wochenstunden arbeiten, die Rechnungen für ihre Kunden sammeln und diese nach ein, zwei oder drei Lebensmonaten (je nachdem, was sie sich leisten beziehungsweise mit ihren Kunden vereinbaren können) bezahlen lassen. In diesen Monaten, in denen sie sich die Rechnungen bezahlen lassen, unterbrechen sie den Elterngeldbezug.
Zur Erinnerung: Bis einschließlich Lebensmonat 14 kann der Elterngeldbezug unterbrochen werden. Ab Lebensmonat 15 muss der Elterngeldbezug durchgehend erfolgen und ist auch nur noch mit den Varianten ElterngeldPlus und Partnerschaftsbonus möglich. Erstelle eine Tabelle mit den Lebensmonaten deines Kindes und den entsprechenden Kalenderdaten sowie dem jeweiligen Elterngeldbezug (vergleichbar mit den Beispieltabellen zur Elterngeldplanung). Dann kannst du auf einen Blick sehen, zu welchen Terminen das Geld auf dein Konto fließen darf und wann nicht.

Elterngeldbezug	Lebensmonate 1, 2, 3, 5, 6, 8, 9 (kein Elterngeldbezug in den Lebensmonaten 4 und 7)
Arbeitszeit in den Elterngeldbezugsmonaten	Bis 30 Wochenstunden
Einkommen in den Elterngeldbezugsmonaten	0 € pro Monat

Regel	Einkommens-Überschuss-Rechung/Zufluss-prinzip
Folge	Einkommen wird im Monat des Zahlungseingangs berücksichtigt, also in den Lebensmonaten 4 und 7, wie mit den Kunden vereinbart
Elterngeld	Basiselterngeld = 1278 €

Je nachdem, wie viel Andrea arbeitet und in ihren »Rechnungsmonaten«, also in den Lebensmonaten 4 und 7, erhält, ist es finanziell für sie in Ordnung, zwischendurch mit dem Bezug von Basiselterngeld zu pausieren. Würde Andrea auf die durchgehende Zahlung von Elterngeld angewiesen sein oder nur geringe

INFO

Für die Berechnung des Elterngelds kommt es darauf an, ob du eine **Einnahmen-Überschuss-Rechnung oder eine Bilanz** erstellst, um dein Einkommen nachzuweisen:
Wenn du eine **Einnahmen-Überschuss-Rechnung** erstellst, gilt wie in der Steuererklärung das Zufluss-Prinzip (auch »Ist«-Prinzip genannt): Die Einnahmen werden erst berücksichtigt, wenn sie auf deinem Konto eingehen. Das bedeutet, dass es egal ist, wann du eine Leistung erbracht hast. Wichtig ist nur, ob du während des Elterngeldbezugs Geldeingänge erhältst.
Wenn du hingegen eine **Bilanz** erstellst, gilt das Realisationsprinzip: Deine Einnahmen werden zum Zeitpunkt berücksichtigt, an dem der Gewinn entstanden ist beziehungsweise die Leistung erbracht wurde. Es ist unerheblich, wann die Zahlungen eingehen. Berücksichtige dies dringend bei deiner Elterngeldplanung. Es macht einen großen Unterschied, ob du nach dem Zufluss-Prinzip oder nach dem Realisations-Prinzip arbeitest.

Rechnungsbeträge stellen können oder wenig Einfluss auf die Zahlungen ihrer Kunden innerhalb des vorgegebenen Lebensmonats haben, könnte eine andere Lösung für sie wirtschaftlich interessanter sein.

Statt Basiselterngeld könnte Andrea auch ElterngeldPlus beziehen und jeden Monat Zahlungs-Eingänge ihrer Kunden erhalten. Für einen Monat Basiselterngeld in Höhe von 1 278 Euro kann Andrea auch zwei Monate ElterngeldPlus in Höhe von 639 Euro erhalten. In diesen Monaten kann sie bis zu 1 200 Euro dazuverdienen, danach reduziert sich ihr ElterngeldPlus. Vergleichswert ist ihr früherer durchschnittlicher monatlicher Gewinn in Höhe von 3 000 Euro. Die folgende Tabelle zeigt, wie sich ihr ElterngeldPlus immer weiter verringern würde, je höher ihr durchschnittlicher monatlicher Gewinn während des Elterngeldbezugs ist. Erst bei höheren Eingängen (über 1 200 Euro) verringert sich ihr Elterngeld.

Auch bei dieser Variante könnte Andrea zwischendurch den Elterngeldbezug unterbrechen (um sich zum Beispiel eine besonders hohe Rechnung bezahlen zu lassen) oder einen oder mehrere Lebensmonate Basiselterngeld (maximal bis Lebensmonat 14) beziehen (zum Beispiel, wenn sie in einem Lebensmonat mal keine Zahlungseingänge hat).

Elterngeldvariante	Durchschnittliches monatliches Einkommen/ Gewinn	Höhe des Elterngelds
Basiselterngeld	Ohne Einkommen	1278 €
ElterngeldPlus	Ohne Einkommen	639 €
ElterngeldPlus	1200 €	639 €
ElterngeldPlus	1300 €	624 €
ElterngeldPlus	1500 €	547 €
ElterngeldPlus	1800 €	437 €
ElterngeldPlus	2000 €	362 €
ElterngeldPlus	2500 €	178 €

FALLBEISPIEL
Julia und Max

Max ist freiberuflich tätig und hat im Bemessungszeitraum (für ihn ist das Kalenderjahr vor Theas Geburt maßgeblich) einen durchschnittlichen monatlichen Gewinn von 6000 Euro erzielt. Als Freiberufler weist er sein Einkommen anhand einer Einnahmen-Überschuss-Rechnung nach und für ihn gilt das Zuflussprinzip (das heißt seine Einnahmen werden erst bei Zahlungseingang berücksichtigt).

Grundsätzlich kann Max im Rahmen seiner Selbstständigkeit Umsätze und Arbeitszeiten beeinflussen. Max plant, alle vier Monate einen Lebensmonat ElterngeldPlus zu beziehen. In diesen vier Lebensmonaten beabsichtigt er, seinen durchschnittlichen monatlichen Gewinn auf 2000 Euro zu reduzieren und nicht mehr als 30 Wochenstunden zu arbeiten. Dies beeinflusst er, indem er vor allem seine Kosten in den Elterngeldmonaten bezahlt (daher wählt er im Elterngeldantrag aus, dass seine tatsächlichen Betriebsausgaben berücksichtigt werden, andernfalls pauschal mit 25 Prozent) und den Großteil seiner Rechnungen von seinen Kunden in den anderen Lebensmonaten bezahlen lässt, in denen er kein Elterngeld bezieht.

Damit wird er in den Lebensmonaten, in denen er kein Elterngeld bezieht, voraussichtlich deutlich höhere Gewinne als normal verzeichnen. Das spielt aber in Bezug auf das Elterngeld keine Rolle. Für die Elterngeldstelle sind nur die vier Monate von Bedeutung, in denen er tatsächlich Elterngeld bezieht. Die beiden letzten Elterngeldbeträge verringern sich aufgrund des wegfallenden Geschwisterbonus nach Hannahs drittem Geburtstag und nicht, weil er mehr verdient als angenommen.

Lebensmonat	Durchschnittliches monatliches Einkommen / Gewinn	Elterngeldvariante	Elterngeldbetrag
LM 1	2 000 €	ElterngeldPlus	705 €
LM 2 bis 4	7 000 €	kein Elterngeld	0 €
LM 5	2 000 €	ElterngeldPlus	705 €
LM 6 bis 8	7 000 €	kein Elterngeld	0 €
LM 9	2 000 €	ElterngeldPlus	641 €
LM 10 bis 12	7 000 €	kein Elterngeld	0 €
LM 13	2 000 €	ElterngeldPlus	641 €

Bei den gezeigten Beispielen handelt es sich um Rechenbeispiele, in die verschiedene Faktoren hineinfließen, wie zum Beispiel der Gewinn im Bemessungszeitraum, der Gewinn während des Elterngeldbezugs, die jeweils gewählte Elterngeldvariante sowie Steuer- und Sozialabgaben. Sie dienen euch zur Orientierung und zum besseren Verständnis, welchen Einfluss Einkommen während des Elterngeldbezugs haben kann.

Für eure eigene individuelle Planung könnt ihr zum Beispiel den Elterngeldrechner des Bundesfamilienministeriums unter www.familienportal.de wie folgt nutzen:

- **Schritt 1:** Berechne dein Basiselterngeld ohne Einkommen.
- **Schritt 2:** Berechne dein ElterngeldPlus ohne Einkommen, indem du das Basiselterngeld durch 2 teilst.
- **Schritt 3:** Berechne dein ElterngeldPlus mit Einkommen während des Elterngeldbezugs. Gib dazu das Bruttoeinkommen ein, das du für eine unterschiedliche Anzahl von Wochenstunden erhalten wirst, zum Beispiel für 18, 20 oder 24 Wochenstunden. (Hinweis: Wenn dein Gehalt regelmäßig erhöht wird, berücksichtige das jetzt schon in deiner Planung. Auch das wirkt sich später auf dein Elterngeld aus.)
- **Schritt 4:** Vergleiche die Alternativen und rechne aus, was dir bei jeder Alternative an Gesamtliquidität zur Verfügung steht, also Elterngeld plus dein Nettoeinkommen. (Achtung: In den Rech-

ner hast du dein Bruttoeinkommen eingetragen, hier solltest du nun dein Nettoeinkommen berücksichtigen.)

- **Schritt 5:** Falls ihr den Partnerschaftsbonus beziehen möchtet, empfehle ich euch, das Elterngeld einmal mit und einmal ohne Partnerschaftsbonus auszurechnen, um sicherzugehen, dass sich der Partnerschaftsbonus für euch lohnt. (In seltenen Konstellationen kann er sich auch mal negativ auswirken, zum Beispiel wenn die Mutter über einen längeren Zeitraum ElterngeldPlus bezieht und dabei wenige Wochenstunden mit relativ hohem Einkommen arbeitet.)

450-Euro-Job während der Elternzeit

Abschließend noch ein Hinweis: Ich höre regelmäßig von werdenden Vätern, die selbstständig sind und deren Partnerin nach der Geburt in Elternzeit ist, dass sie ihre Partnerin während der Elternzeit in Form eines Minijobs einstellen möchten. Die Mutter erhält somit ein »Taschengeld«, der Vater hat personelle Unterstützung und Ausgaben, die er geltend machen kann.

Diese Konstruktion hat häufig einen Denkfehler: Während des Bezugs von Basiselterngeld verringert der Minijob das Elterngeld. Es lohnt sich eher beim Bezug von ElterngeldPlus und möglicherweise nicht, wenn die Mutter später den Partnerschaftsbonus bezieht. Es sollte also genau ausgerechnet werden, wann das Sinn macht.

TIPP

Stattdessen kann die Beschäftigung der Mutter als **Minijobberin** im Unternehmen des Vaters nicht im Bezugszeitraum, sondern vor der Geburt viel sinnvoller sein, um das Gehalt im Bemessungszeitraum zu erhöhen.

CHECKLISTE ELTERNGELDPLANUNG

Nutzt den ausführlichen Elterngeldrechner des Bundesfamilienministeriums unter www.familienportal.de.

Überlegt euch vorher, wie der Elterngeldbezug und der berufliche Wiedereinstieg grundsätzlich aussehen sollen:

- Wer von euch möchte wie lange zu Hause bleiben und wann wieder ins Berufsleben zurückkehren?
- Mit wie vielen Wochenstunden möchtest du während des Elterngeldbezugs Teilzeit arbeiten?
- Wie verteilt ihr die maximal 14 Monate Basiselterngeld untereinander? Wie viele Monate davon möchtet ihr in ElterngeldPlus umrechnen? Hinweis: ein Monat Basiselterngeld = zwei Monate ElterngeldPlus
- Möchtet ihr den Partnerschaftsbonus beziehen? Voraussetzung: Ihr beide arbeitet in denselben vier aufeinanderfolgenden Lebensmonaten 25 bis 30 Wochenstunden.

Legt euch für die Berechnung eures Elterngelds die erforderlichen Daten zurecht:

- Was ist dein relevanter Bemessungszeitraum?
  - Nicht-selbstständige Mutter: zwölf Kalendermonate vor dem Monat, in dem der Mutterschutz beginnt
  - Nicht-selbstständiger Vater: zwölf Kalendermonate vor dem Monat der Geburt
  - Selbstständige: Abgeschlossenes Kalenderjahr vor der Geburt
- Wie hoch war dein durchschnittliches monatliches Bruttogehalt beziehungsweise dein durchschnittlicher monatlicher Gewinn im Bemessungszeitraum?
  - Rechne alle Beträge zusammen und dividiere sie durch 12.
  - Berücksichtige sämtliche Einkünfte aus Erwerbstätigkeit inklusive 450-Euro-Job, Honorare etc.

  - Auch wenn du hauptberuflich angestellt bist und nur vereinzelt Einkünfte aus selbstständiger Tätigkeit hast und zum Beispiel gelegentlich Honorare für Vorträge erhältst, hast du Mischeinkünfte. Damit gilt für dich der Bemessungszeitraum für Selbstständige.
- Zahlst du Kirchensteuer?
- Welche Steuerklasse hast du?
- Wie bist du krankenversichert (gesetzlich, freiwillig gesetzlich oder privat)?
- Als Selbstständiger: Bist du gesetzlich rentenversichert?
- Falls du während des Elterngeldbezugs arbeiten wirst: In welchen Lebensmonaten wirst du arbeiten?
- Wie hoch wird dein durchschnittliches monatliches Bruttoeinkommen beziehungsweise dein durchschnittlicher monatlicher Gewinn in den Lebensmonaten sein, in denen du arbeiten wirst?
  - Falls du regelmäßige Gehaltserhöhungen hast, berücksichtige sie bereits hier.

Auf Grundlage dieser Daten könnt ihr ausrechnen, wie hoch euer Elterngeld voraussichtlich sein wird und ob eure Planung zu eurer finanziellen Situation passt. Wenn nicht, überlegt euch, welche Änderungen ihr an eurer Elterngeldplanung vornehmen könnt. Zum Beispiel: Verlängerung des Bezugszeitraums durch zwischenzeitliche Unterbrechung des Elterngeldbezugs, ElterngeldPlus und Teilzeittätigkeit statt Basiselterngeld, Partnerschaftsbonus oder die Kombination verschiedener Elterngeldvarianten.

Kapitel 5

Elterngeld-antrag

DEN ELTERNGELDANTRAG STELLEN

Elterngeld beantragst du bei der zuständigen Elterngeldstelle deines Wohnorts. Je nach Bundesland und Wohnort gibt es Unterschiede bei der Organisation der zuständigen Elterngeldstelle. In der Regel findest du aber auf der Website deines Wohnorts die relevanten Informationen zu deiner Elterngeldstelle.

Regionale Unterschiede

Jedes Bundesland hat ein eigenes Formular zur Beantragung des Elterngelds. Wenn du unter www.familienportal.de die Menüpunkte »Familienleistungen« sowie »Elterngeld« auswählst, siehst du in der rechten Leiste den Auswahlpunkt »Antragsformulare«. In der darauffolgenden Übersicht wirst du zum Elterngeldantrag deines Bundeslands weitergeleitet.
Zurzeit gibt es große Bestrebungen der Bundesregierung, die Beantragung von Elterngeld zukünftig zu vereinfachen und digital durchzuführen. Das Projekt heißt »ElterngeldDigital« und wird bereits von einigen Bundesländern umgesetzt.
Wenn du in Berlin, Bremen, Hamburg, Rheinland-Pfalz, Sachsen oder Thüringen wohnst, kannst du entscheiden, ob du deinen Elterngeldantrag elektronisch über »ElterngeldDigital« oder analog auf dem Briefweg stellst. Auch Bayern hat einen eigenen elektronischen Antragsprozess entwickelt (www.elterngeld.bayern.de/onlineantrag). Einige Bundesländer und Städte bieten die Option für einen elektronischen E-Mail-Antrag. Ähnlich wie bei der elektronischen Steuererklärung wird auch hier am Ende des Vorgangs eine Einverständniserklärung erstellt, die ausgedruckt, unterschrieben und innerhalb von drei Wochen bei der Elterngeldstelle eingereicht werden muss. Sollte diese Erklärung nicht rechtzeitig eingehen, erlischt der gesamte Vorgang, das heißt, eine Antragstellung ist dann nicht erfolgt.

Den Antrag vorbereiten

Ihr könnt die Zeit vor der Geburt dazu nutzen, den Elterngeldantrag so weit wie möglich vorzubereiten. Sobald das Baby dann geboren ist, braucht ihr nur noch die fehlenden Angaben zu ergänzen.

- Elterngeldanträge ausfüllen (je nach Bundesland füllt ihr als Paar einen gemeinsamen oder zwei getrennte Anträge aus)
  - Wenn du alleinerziehend bist: Erklärung für Alleinerziehende
  - Wenn du selbstständig bist oder Mischeinkünfte beziehst: Erklärung für Selbstständige (auch bei Null- und Negativeinkünften; je nach Bundesland ist dies ein eigenes Formular oder Bestandteil des Elterngeldantrags)
- Nachweise über das gesamte Erwerbseinkommen im relevanten Bemessungszeitraum zusammenstellen (siehe ab Seite 101)
  - Als Nicht-Selbstständige: die zwölf Gehaltsabrechnungen des Bemessungszeitraums (Mutter: bis Monat vor Beginn des Mutterschutzes; Vater: bis Monat vor der Geburt)
  - Als Selbstständige: Letzten Steuerbescheid oder Einnahmen-Überschuss-Rechnung beziehungsweise Bilanz des letzten abgeschlossenen Kalenderjahres
- Bescheinigung zum Mutterschaftsgeld (vor der Geburt)
  - Von der Krankenkasse
  - Vom Arbeitgeber über seine Zuschüsse
  - Als privat Krankenversicherte mit Krankentagegeld-Versicherung: Bescheinigung über das Krankentagegeld während des Mutterschutzes
- Bei Teilzeittätigkeit während des Elterngeldbezugs:
  - Als Nicht-Selbstständige: Bescheinigung des Arbeitgebers über deine Arbeitszeiten und dein voraussichtliches Einkommen während des Elterngeldbezugs (das kannst du gegebenenfalls nachreichen, wenn es erst zu einem späteren Zeitpunkt des Elterngeldbezugs relevant wird)

- Als Selbstständige gibst du diese Informationen in deiner Erklärung für Selbstständige an; Nachweise sind hierzu (zunächst) nicht erforderlich.

- Ein Dokument, das ihr erst nach der Geburt eures Babys erhaltet, aber für den Antrag dringend benötigt: die Geburtsurkunde eures Kindes. Im Rahmen der Anmeldung beim Standesamt erhaltet ihr eine Extra-Ausfertigung, die für den Elterngeldantrag bestimmt ist.

Häufige Fehler

Fehler #1

Es wird vergessen, dass beide Elternteile jeden Elterngeldantrag unterschreiben müssen.

Das bedeutet konkret: Du als Mutter unterschreibst deinen eigenen Elterngeldantrag und den deines Partners. Du als Vater unterschreibst ebenfalls deinen eigenen Antrag und den deiner Partnerin, auch wenn du deinen Antrag vielleicht erst deutlich später einreichst.

Fehler #2

Falsche Angaben bei der Festlegung des gewünschten Elterngeldbezugszeitraums. Es werden zum Beispiel zu viele Elterngeldmonate oder nur zwei Monate Partnerschaftsbonus oder die falschen Monate und falschen Elterngeldvarianten angekreuzt.

Wie geht es richtig?

Gib bei der »Festlegung des Bezugszeitraums« deine Elterngeldplanung an, so wie du sie dir zuvor mit deinem Partner überlegt hast. Als Grundlage kannst du dich an den Bezugstabellen der Beispielfamilien in diesem Buch orientieren. Kreuze einfach an, in welchem Lebensmonat du welche Elterngeldvariante (Basiselterngeld, ElterngeldPlus, Partnerschaftsbonus) erhalten möchtest. Pro Zeile (Lebensmonat) darf maximal ein Kreuzchen gesetzt werden. Die Tabelle sieht im Antrag ungefähr so aus:

Lebensmonat des Kindes	Basiselterngeld	ElterngeldPlus	Partnerschafts-bonus
1.	☐	☐	☐
2.	☐	☐	☐
3.	☐	☐	☐

Zur Erinnerung: Denk an die Regeln. Pro Person dürfen nur maximal zwölf Monate Basiselterngeld bezogen werden zuzüglich Partnerschaftsbonus, der immer in vier aufeinanderfolgenden Monaten genommen und von deinem Partner genauso beantragt werden muss. Einen Monat Basiselterngeld kannst du auch in zwei Monate ElterngeldPlus umrechnen. Als Mutter, die Anspruch auf Mutterschutzleistungen hat, solltest du immer in den Lebensmonaten 1 und 2 Basiselterngeld ankreuzen. Kommen dir die Regeln unbekannt vor? Dann lies noch einmal im Kapitel Elterngeldplanung ab Seite 68 nach. Wenn du unsicher bist, ob du deine Ansprüche vollständig verplant oder noch Anspruch auf weitere Monate hast, kannst du das im Elterngeldrechner unter www.familienportal.de überprüfen. Dort bekommst du einen Hinweis, wenn du deine Ansprüche noch nicht vollständig oder zu viele Monate verplant hast.

<u>Fehler #3</u>

Die Angaben in deinem Elterngeldantrag stimmen nicht mit den Angaben überein, die dein Partner in seinem Antrag gemacht hat. Zum Beispiel beim Partnerschaftsbonus oder bei der Festlegung des Elterngeldbezugszeitraums.

<u>Wie geht es richtig?</u>

Überprüft, ob eure jeweiligen Angaben in eurem Antrag mit denen eures Partners übereinstimmen. Vor allem in den folgenden Punkten ist das wichtig:

- Bei der Festlegung des Bezugszeitraums dürft ihr zusammen insgesamt nur die maximale Anzahl von 14 Monaten Basiselterngeld plus 4 Monate Partnerschaftsbonus erreichen.

- In deinem Antrag gibst du an, wie viele Monate Elterngeld und welche Elterngeldvarianten dein Partner beziehen möchte und ob er seinen Antrag gemeinsam mit deinem Antrag oder zu einem späteren Zeitpunkt einreicht. Diese Angaben sollten auf jeden Fall mit den Angaben im Antrag deines Partners übereinstimmen.
- In dem Formularteil zum Partnerschaftsbonus gebt ihr jeweils die Daten des Partners an. Das heißt, du gibst in deinem Antrag unter anderem an, wie viele Wochenstunden dein Partner während der Partnerschaftsbonus-Monate arbeiten wird, und dein Partner gibt deine Wochenstunden in seinem Antrag an.

Fehler #4

Du gibst im Teil »Tätigkeit / Einkommen im Bezugszeitraum« an, dass du im Bezugszeitraum des Elterngelds keine Erwerbstätigkeit ausübst und kein Erwerbseinkommen beziehst, und beantragst gleichzeitig den Partnerschaftsbonus, der eine Teilzeittätigkeit mit 25 bis 30 Wochenstunden voraussetzt.

Wie geht es richtig?

Wenn du während des Bezugs von Basiselterngeld oder ElterngeldPlus nicht arbeitest, aber danach mit 25 bis 30 Wochenstunden in das Berufsleben zurückkehrst und den Partnerschaftsbonus beziehen möchtest, musst du angeben, ab wann du mit wie vielen Stunden welches Einkommen erzielst. Idealerweise stimmen die Daten mit den Lebensmonaten (siehe Seite 62) überein, in denen du den Partnerschaftsbonus beziehen möchtest.

Damit du den Partnerschaftsbonus richtig beantragen kannst, musst du Folgendes im Elterngeldantrag unter »Tätigkeit / Einkommen im Bezugszeitraum« ankreuzen beziehungsweise ausfüllen:

- als Nicht-Selbstständiger:
  - das Feld »Ich übe im Bezugszeitraum des Elterngelds eine nicht-selbstständige Erwerbstätigkeit aus« ankreuzen und an-

geben, ab welchem Lebensmonat du wieder arbeitest (zum Beispiel »LM 13«) und mit wie vielen Wochenstunden (zum Beispiel »25«)

- das Feld »Ich habe im Bezugszeitraum Einkünfte aus nicht-selbstständiger Erwerbstätigkeit« ankreuzen.
- Zusätzlich die gewünschten Nachweise (Stundenzahl und voraussichtliches Gehalt), die im Antrag genannt sind, ergänzen.

- als Selbstständiger:
  - das Feld »Ich übe im Bezugszeitraum eine selbstständige Tätigkeit, ein Gewerbe oder eine land- und forstwirtschaftliche Tätigkeit aus« ankreuzen und angeben, ab welchem Lebensmonat du mit wie vielen Wochenstunden tätig bist.
  - das Feld »Ich habe im Bezugszeitraum Einkommen aus einer selbstständigen Tätigkeit, aus Gewerbebetrieb oder aus Land- und Forstwirtschaft« ankreuzen.
  - zusätzlich die »Erklärung für Selbstständige« ausfüllen.
- Wichtig ist, dass du in diesem Beispiel das Einkommen und deine Arbeitszeit für die Lebensmonate angibst, in denen du den Partnerschaftsbonus beziehst.

Fehler #5

Als Selbstständiger gibst du widersprüchliche Angaben im Elterngeldantrag und der Erklärung für Selbstständige an.

Wie geht es richtig?

In der Erklärung für Selbstständige machst du genaue Angaben zu deiner Selbstständigkeit, unter anderem

- was und wie viel du vor der Geburt gearbeitet hast
- deine Einkünfte vor der Geburt und ob du gegebenenfalls Mischeinkünfte hast
- deine Abzugsmerkmale, wie zum Beispiel Kirchensteuer und Beiträge zur Sozialversicherung
- wie viel du während des Elterngeldbezugs arbeitest

- wie hoch deine Einkünfte während des Elterngeldbezugs voraussichtlich sein werden.

Wenn du zum Beispiel im Elterngeldantrag angibst, dass du als Selbstständiger im Bezugszeitraum keine Erwerbstätigkeit ausübst und kein Erwerbseinkommen beziehst, sollte das mit deinen Angaben in der Erklärung für Selbstständige übereinstimmen. Dort gibst du unter »Art und Umfang der selbstständigen Tätigkeit während der Bezugszeit« an, dass du »0« Tage während des Elterngeldbezugs tätig sein wirst. Unter »Einkünfte aus Erwerbstätigkeit während der Bezugszeit« kreuzt du »Ich erziele während des Bezugs von Elterngeld keine Einkünfte aus selbstständiger Tätigkeit, Gewerbebetrieb oder Land- und Forstwirtschaft« an. (Wenn das so stimmt.)

Anderes Beispiel: Wenn du in der Erklärung für Selbstständige angibst, dass du während der Bezugszeit 30 Stunden in der Woche tätig sein wirst und voraussichtlich positive Einkünfte von durchschnittlich monatlich 2 000 Euro haben wirst, sollte im Elterngeldantrag ebenfalls stehen, dass du im Bezugszeitraum eine selbstständige Tätigkeit (zum Beispiel) ab Lebensmonat 1 mit 30 Wochenstunden ausübst und Einkommen hast.

Der Zeitpunkt ist wichtig

Elterngeld wird rückwirkend für maximal drei Monate nach der Antragstellung gezahlt. Entscheidend ist das Datum, wann der Antrag bei der Elterngeldstelle eingeht.

Allerdings gibt es immer wieder Paare, die die Erfahrung machen, dass die Bearbeitung ihres Elterngeldantrags auch mal einige Monate in Anspruch nehmen kann. Für Außenstehende ist es nicht nachvollziehbar, zu welchen Zeiten oder unter welchen Umständen die Bearbeitungszeiten bei der Elterngeldstelle länger oder kürzer dauern. Da die meisten jungen Eltern nach der Geburt auf die rechtzeitige Auszahlung des Elterngelds angewiesen sind, lautet meine Empfehlung,

den Elterngeldantrag möglichst zügig nach der Geburt einzureichen. Dies kann auf dem Postweg oder in einigen Bundesländern auch elektronisch erfolgen.
Einige Paare fühlen sich aus diesem Grund wohler, wenn sie ihren Antrag persönlich bei der zuständigen Elterngeldstelle abgeben, statt ihn postalisch auf den Weg zu bringen. Noch offene Fragen können auf diese Weise direkt vor Ort beantwortet werden und der Mitarbeiter, der die Antragsunterlagen in Empfang nimmt, kann direkt nachprüfen, ob die Unterlagen vollständig sind. Die Auszahlung des Elterngelds erfolgt dann monatlich beziehungsweise so, wie du es beantragt hast.

TIPP

Wenn ihr eure zuständige **Elterngeldstelle** persönlich aufsuchen wollt, prüft vorher die Öffnungszeiten, die für Publikumsverkehr gelten.

Was, wenn sich nachträglich etwas ändert?

Sollte sich nachträglich etwas bei dir ändern, solltest du die Elterngeldstelle zügig darüber informieren. Wenn du dies versäumst, handelt es sich um eine Ordnungswidrigkeit, die theoretisch mit einem Bußgeld und der Rückzahlung des Elterngelds bestraft werden könnte. Zu unterscheiden sind

- Änderungen in Bezug auf deine Elterngeldplanung und
- Änderungen in Bezug auf deine im Antrag angegebenen Informationen.

Wenn du **deine Elterngeldplanung ändern** möchtest, ist das grundsätzlich möglich für zukünftige Lebensmonate, für die das Elterngeld noch nicht ausgezahlt wurde.

Zum Beispiel wenn du

- die Elterngeldvariante von Basiselterngeld auf ElterngeldPlus oder andersherum ändern,
- den Partnerschaftsbonus nachträglich beantragen oder den beantragten Partnerschaftsbonus doch nicht beziehen oder
- deinen Elterngeldbezug unterbrechen oder eine angemeldete Unterbrechung rückgängig machen möchtest.

Eine rückwirkende Änderung von vergangenen Lebensmonaten, für die du bereits Elterngeld erhalten hast, ist nur möglich, wenn eine dieser beiden Voraussetzungen vorliegt:

- in besonderen Härtefällen (Tod oder schwere Krankheit) oder
- für Monate, in denen du ElterngeldPlus bekommen hast und diese nachträglich in Basiselterngeld umwandeln möchtest.

Die rückwirkende Umwandlung von ElterngeldPlus in Basiselterngeld könnte zum Beispiel sinnvoll sein, wenn du den gleichzeitigen Bezug von Elterngeld und einer anderen Entgeltersatzleistung vermeiden möchtest, unter anderem Elterngeld für ein älteres und ein jüngeres Kind. Eine rückwirkende Änderung ist ausgeschlossen, wenn der betreffende Zeitraum länger als drei Monate zurückliegt

TIPP

Bei **Änderungen** kannst du die Elterngeldstelle formlos schriftlich darüber informieren. Wenn du unsicher bist, welche Folgen deine Änderung in Bezug auf das Elterngeld hat, kannst du auch deinen zuständigen Sachbearbeiter kontaktieren. Erfahrungsgemäß sind viele Sachbearbeiter hilfsbereit und geben gerne Auskunft. Die Kontaktdaten findest du auf dem Elterngeldbescheid, den du nach der Beantragung erhältst.

oder wenn der Bezug von Elterngeld vollständig abgeschlossen ist. Wenn sich **Informationen ändern, die du im Antrag angegeben** hast, solltest du die Elterngeldstelle darüber in Kenntnis setzen:

- Wenn sich an deiner Arbeitssituation etwas ändert, du eine Berufstätigkeit beginnst oder beendest,
- sich deine durchschnittliche Arbeitszeit ändert,
- sich dein Einkommen verändert,
- du eine neue Adresse, Bankverbindung oder einen neuen Nachnamen hast.

Vorübergehende Anpassungen aufgrund der Corona-Pandemie

Die Corona-Pandemie in 2020 hat finanzielle und berufliche Auswirkungen, die auch Eltern und werdende Eltern betreffen. Zum Beispiel, weil sie von Kurzarbeit oder Freistellungen betroffen sind und somit weniger Einkommen im Bemessungszeitraum haben. Oder weil Eltern aus systemrelevanten Berufen dringend am Arbeitsplatz benötigt werden und somit ein Einkommen beziehen, das die Höhe ihres Elterngelds verringert. Damit Eltern keine Nachteile entstehen, wurde am 7.4.2020 vom Deutschen Bundestag eine vorübergehende Gesetzesänderung beim Elterngeld beschlossen. Diese Regelungen gelten (zunächst) für den Zeitraum 1.3. bis 31.12.2020.

Eine Änderung für werdende Eltern: Wenn werdende Eltern Einkommensverluste aufgrund der Covid-19-Pandemie haben, können sie die Monate März bis Dezember 2020 im Bemessungszeitraum ausklammern (dies ist kein Muss). Dann werden diese Monate übersprungen und stattdessen werden Einkommensmonate aus den davorliegenden Monaten für die Elterngeldberechnung berücksichtigt. Dies gilt auch für die Berechnung des Elterngelds für ein weiteres Kind zu einem späteren Zeitpunkt, sofern im Bemessungszeitraum der Zeitraum 1.3. bis 31.12.2020 betroffen ist.

Die folgenden Änderungen gelten für alle **Eltern, die bereits Elterngeld beziehen.**

- Eltern, die in systemrelevanten Berufen arbeiten, können den Bezug von Elterngeld, den sie in den Monaten März bis Dezember 2020 geplant hatten, auf einen späteren Zeitraum bis spätestens 30.6.2021 verschieben, wenn sie an ihrem Arbeitsplatz dann nicht mehr dringend benötigt werden.
- Auch bei der Berechnung des Elterngeldes für ein weiteres Kind können diese später genommenen Monate noch ausgeklammert werden. Die Höhe des Elterngeldes für ein weiteres Kind wird damit nicht verringert. Achtung: Dies gilt nur für Eltern in systemrelevanten Berufen.
- Aufgrund der wirtschaftlichen Ausnahmesituation und dem Personalbedarf in systemrelevanten Berufen dürfen im Elterngeldantrag getroffene Entscheidungen auch dann noch rückgängig gemacht werden, wenn das Elterngeld bereits ausbezahlt wurde. Diese nachträgliche Verschiebung ist jedoch nur für maximal 3 zurückliegende Monate möglich. Bereits ausbezahlte Elterngeldbeträge werden dann von der Elterngeldstelle zurückgefordert oder mit späteren Ansprüchen verrechnet. Diese Ausnahmeregel gilt ebenfalls nur für den oben genannten Zeitraum.
- Eltern, die bereits den Partnerschaftsbonus beantragt hatten, die erforderliche Arbeitszeit von 25 bis 30 Wochenstunden aber aufgrund der Covid-19-Pandemie nicht einhalten können, erhalten dennoch den Partnerschaftsbonus, unabhängig davon, ob die Stundenzahl über- oder unterschritten wird. Die Höhe des Partnerschafsbonus ergibt sich aus den Angaben zu Einkommenshöhe und Umfang der Arbeitszeiten, die ihr im Elterngeldantrag gemacht habt und die im vorläufigen Elterngeld-Bescheid mitgeteilt wurde. Diese Regelung gilt auch für Eltern, die nicht in systemrelevanten Berufen tätig sind.

CHECKLISTE ELTERNGELDANTRAG

Termin: so bald wie möglich nach der Geburt

- Antrag auf Elterngeld ausdrucken (Formular des jeweiligen Bundeslandes unter www.familienportal.de)
- Je nach Bundesland ist auch ein Online-Antrag möglich (www.elterngeld-digital.de)
- Als Alleinerziehende: zusätzlich die Erklärung für Alleinerziehende
- Als Selbstständige: zusätzlich die Erklärung für Selbstständige
- Antrag und gegebenenfalls Erklärung(en) ausfüllen, für jeden Partner einzeln
- Jeden Antrag von beiden Partnern unterschreiben lassen
- Unterlagen und Nachweise zusammenstellen:
  - Geburtsbescheinigung des Kindes im Original mit Verwendungszweck »Elterngeld« (nach der Geburt)
  - Mutter: Bescheinigung der Krankenkasse über den Bezug von Mutterschaftsgeld vor der Geburt oder
  - bei privater Krankenversicherung und Krankentagegeld-Versicherung: Bescheinigung der Krankenversicherung über Krankentagegeld während des Mutterschutzes
  - Mutter: Bescheinigung des Arbeitgebers über Zuschuss zum Mutterschaftsgeld vor der Geburt oder
  - bei Beamtinnen: Bescheinigung über die Dienstbezüge während des Mutterschutzes
- Einkommensnachweise:
  - Nicht-selbstständige Mutter: Lohn- oder Gehaltsabrechnungen für die letzten zwölf Monate vor dem Monat, in dem der Mutterschutz beginnt
  - Nicht-selbstständiger Vater: Lohn- oder Gehaltsabrechnungen für die letzten zwölf Monate vor der Geburt

- Selbstständige/r: Steuerbescheid für den letzten abgeschlossenen Veranlagungszeitraum vor der Geburt beziehungsweise, sofern noch nicht vorliegend: Einnahmen-Überschuss-Rechnung oder Bilanz des letzten abgeschlossenen Veranlagungszeitraums (Kalenderjahr) vor der Geburt
- bei Mischeinkünften die Nachweise für Nicht-Selbstständige und für Selbstständige

• Bei Teilzeitarbeit (in Elternzeit) während des Elterngeldbezugs:
  - Nicht-Selbstständige: Arbeitszeitbestätigung durch den Arbeitgeber bei Teilzeitarbeit im Bezugszeitraum
  - Selbstständige: Eigene Erklärung über die Arbeitszeit bei selbstständiger Arbeit (bisherige Arbeitszeiten und Arbeitszeiten während des Elterngeldbezugs)

Kapitel 6

Finanzen

ELTERNGELD UND STEUERN

Im Zusammenhang mit dem Elterngeld werde ich regelmäßig nach diesen drei Steuerthemen gefragt:

- Wechsel der Steuerklassen vor der Geburt
- Wechsel der Steuerklassen nach der Geburt
- Die steuerliche Betrachtung des Elterngelds

Wechsel der Steuerklassen vor der Geburt

In der Vergangenheit war es weit verbreitet, dass verheiratete Schwangere einen Wechsel in die Steuerklasse 3 vorgenommen haben. Dadurch haben sich ihre Steuerabzüge verringert, sodass sie im Bemessungszeitraum ein höheres Nettogehalt und im Bezugszeitraum ein höheres Elterngeld erhalten haben. Im Rahmen des Lohnsteuerjahresausgleichs hat sich der Steuerklassenwechsel nicht ausgewirkt, durch eine Rückzahlung standen sie in Bezug auf das Einkommen gleich da.

Dieser beliebte »Trick« zur Erhöhung des Elterngelds war nicht im Sinne des Gesetzgebers. Er konnte diese steuerliche Möglichkeit zwar nicht vollständig unterbinden, aber zumindest stark einschränken.

Nun gilt folgende Regelung: Grundsätzlich wird bei einem Steuerklassenwechsel die neueste Steuerklasse für die Berechnung des Elterngelds berücksichtigt. Wenn im gesamten Bemessungszeitraum die alte Steuerklasse länger gegolten hat als die neue Steuerklasse, wird jedoch die alte Steuerklasse berücksichtigt.

Was heißt das konkret? Wenn innerhalb des Bemessungszeitraums die alte Steuerklasse in sieben Monaten galt, wird für die Berechnung des Elterngelds die alte Steuerklasse berücksichtigt. Wenn innerhalb dieser zwölf Monate die alte Steuerklasse in sechs und weniger Monaten galt, wird die neue Steuerklasse herangezogen, um die Höhe des Elterngelds zu bestimmen.

TIPP

Wenn ihr während der Schwangerschaft einzig zum Zweck der Elterngelderhöhung einen **Steuerklassenwechsel** vornehmt, prüft vorher, ob die alte oder neue Steuerklasse bei der Elterngeldberechnung berücksichtigt wird und sich der Wechsel überhaupt lohnt.

FALLBEISPIEL
Leonie und Daniel

Da Daniel deutlich mehr als Leonie verdient, haben sie die Steuerklassen 3 und 5. Während der Schwangerschaft haben sie von Freunden den »Tipp« erhalten, ihre Steuerklassen zu wechseln, damit Leonie ein höheres Nettoeinkommen und somit mehr Elterngeld erhalten kann. Der Steuerklassenwechsel gilt ab Monat März 2020.

Errechneter Geburtstermin	7.10.2020
Beginn des Mutterschutzes	26.8.2020
Bemessungszeitraum für Leonie	August 2019 bis Juli 2020
alte Steuerklasse 5 (Leonie)	August 2019 bis Februar 2020 (= 7 Monate)
neue Steuerklasse 3 (Leonie)	März 2020 bis Juli 2020 (= 5 Monate)

Welche Steuerklasse wird bei der Elterngeldberechnung herangezogen? Da die ältere Steuerklasse 5 länger als die neue Steuerklasse 3 galt, erfolgte der Steuerklassenwechsel zu spät, um bei der Elterngeldberechnung berücksichtigt zu werden. Er hätte spätestens ab Februar 2020 gelten müssen. Leonie könnte noch ihren Bemessungszeitraum um einen Monat nach hinten verschieben, indem sie ihren Mutterschutz erst im September 2020 beginnt.

Wechsel der Steuerklassen nach der Geburt

Häufig werde ich von werdenden Paaren gefragt, ob sie nach der Geburt die Steuerklassen wechseln sollen. Da ich keine Steuerexpertin bin und keinen Überblick über eure individuelle Einkommens- und Steuersituation habe, kann ich hierzu nur ein paar allgemeine Informationen geben:

- Ein Steuerklassenwechsel nach der Geburt hat keinen Einfluss mehr auf euer Elterngeld, da dann der relevante Bemessungszeitraum in der Vergangenheit liegt.
- Auch wenn du nach der Geburt arbeitest und dein Einkommen während des Elterngeldbezugs Einfluss auf die Höhe des Elterngelds hat, werden die Abzugsmerkmale (und damit auch die Steuerklasse) berücksichtigt, die im Bemessungszeitraum vor der Geburt galten; unabhängig davon, welche Steuerklasse du mittlerweile hast.
- Viele verheiratete Paare, die sich die Elterngeldmonate eher »klassisch« aufteilen (das heißt, die Mutter bleibt zwölf Monate zu Hause und arbeitet in dieser Zeit auch nicht, während der Vater Alleinverdiener ist und maximal zwei Monate Elternzeit nimmt), wählen nach der Geburt gerne die Steuerklassen 3 und 5, damit der Mann ein möglichst hohes Nettogehalt mit nach Hause bringt. Somit steht ihnen jeden Monat mehr Liquidität für den Lebensunterhalt zur Verfügung. Gleichzeitig bedeutet das aber, dass sie am Jahresende im Rahmen ihrer Steuererklärung weniger Steuern zurückerhalten und möglicherweise sogar eher etwas nachzahlen müssen (dazu gleich mehr).

TIPP

Ihr solltet bei der **Wahl der Steuerklassen** auch berücksichtigen, wie gut ihr in der Elternzeit euren Lebensunterhalt gegebenenfalls nur mit einem Gehalt finanzieren könnt und wie eure generelle Haltung zu Steuerrück- und -nachzahlungen ist. Im Zweifelsfall empfehle ich, euch professionelle Unterstützung von einem Steuerberater zu holen.

Wenn das für euch in Ordnung ist, kann ein Steuerklassenwechsel zu euch und eurem Lebensmodell passen. Es gibt aber auch Paare, die die andere Variante bevorzugen: Sie nehmen monatlich ein niedrigeres Nettoeinkommen in Kauf, dafür freuen sie sich über hohe Steuerrückzahlungen im Rahmen des jährlichen Steuerbescheids. Dann ist möglicherweise die Wahl der Steuerklassen 4/4 die bessere.

Die steuerliche Betrachtung des Elterngelds

Die gute Nachricht: Für das Elterngeld selbst zahlst du keine Steuern; es ist steuerfrei. Das gleiche gilt für das Mutterschaftsgeld. Die schlechte Nachricht: Das Elterngeld unterliegt dem Progressionsvorbehalt. Das bedeutet, dass es am Jahresende zu eurem übrigen zu versteuernden Einkommen dazugerechnet und bei der Berechnung des Steuersatzes berücksichtigt wird.
Wenn ihr durch das Elterngeld in einen höheren Steuersatz rutschen solltet, müsstet ihr für euer gesamtes Einkommen insgesamt mehr Steuern zahlen. In einigen Fällen führt das dazu, dass Eltern aufgrund des Elterngelds sogar Steuern nachzahlen müssen. Grundsätzlich gibt es zwei verschiedene Möglichkeiten, mit dieser Information umzugehen.

Möglichkeit #1
Ihr nehmt die Information zur Kenntnis und lasst euch überraschen, wie sich das Elterngeld auf euren Steuersatz auswirkt. Mit dem nächsten Steuerbescheid werdet ihr euren individuellen Steuersatz und die Auswirkung auf eure Steuerschuld erfahren. Vorsichtshalber könntet ihr schon jetzt Rücklagen für eine mögliche Nachzahlung bilden. (Im Übrigen empfehle ich allen werdenden Eltern, Rücklagen zu bilden, solange sie noch zwei Vollzeitgehälter beziehen. So könnt ihr die Elternzeit ohne finanzielle Sorgen genießen.)

Möglichkeit #2
Ihr rechnet aus, wie hoch euer Elterngeld voraussichtlich im jeweiligen Kalenderjahr sein wird, rechnet es zum übrigen Einkommen des jeweiligen Kalenderjahres hinzu und schaut in einer Steuertabelle nach, welcher Steuersatz jeweils für euer Einkommen mit und ohne Elterngeld gilt. Wenn es in beiden Fällen derselbe Steuersatz ist, habt ihr vermutlich keinen Handlungsbedarf.

Das Elterngeld kann den Steuersatz erhöhen

Es gibt ein paar Faktoren, die ihr zu euren Gunsten beeinflussen könnt. Bevor ich diese Faktoren aufliste, noch einmal der Hinweis: Ich bin keine Steuerexpertin. Wenn ihr es auch nicht seid, fragt bitte vorsichtshalber euren Steuerberater.

- Auch wenn ihr verheiratet seid, könnt ihr in jedem Jahr neu entscheiden, ob ihr gemeinsam oder getrennt veranlagt werden möchtet. Möglicherweise kann die getrennte Veranlagung in den Jahren des Elterngeldbezugs sinnvoll sein, zum Beispiel wenn einer von euch viel Elterngeld bezieht und nicht arbeitet, während der andere normal weiterverdient.
- Über die Wahl eurer Steuerklassen nach der Geburt habe ich bereits etwas geschrieben (siehe Seite 143). Vor dem Hintergrund des Progressionsvorbehaltes kann die Wahl der Steuerklassen 3/5

möglicherweise eher zu einer Steuernachzahlung führen als die Wahl der Steuerklassen 4/4. Dies gilt allerdings nicht generell und hängt von eurem individuellen Fall ab.

- Wenn du nach der Geburt zwölf Monate Basiselterngeld beziehst und euer Kind zum Beispiel in der Mitte des Jahres geboren wird, verteilt sich das Elterngeld jeweils mit sechs Monaten auf zwei Kalenderjahre und somit auf zwei verschiedene Steuerperioden. In diesem Fall hat das Elterngeld möglicherweise eine andere steuerliche Auswirkung, als wenn euer Kind zum Jahresanfang geboren wird und das Elterngeld zwölfmal in einem Kalenderjahr angerechnet wird.
- Es kann steuerlich auch einen erheblichen Unterschied ausmachen, ob du zwölf Monate lang Basiselterngeld erhältst oder 24 Monate lang ElterngeldPlus.
- Es ist außerdem relevant, ob du während des Elterngeldbezugs steuerpflichtiges Einkommen hast oder nicht.

TIPP

Wenn dir das **Steuer-Thema** wichtig ist, geh zum Steuerberater und lass dich beraten. Wenn es dir nicht wichtig ist, bilde Rücklagen und lass dich überraschen.

KRANKENVERSICHERUNG

Beim Thema Krankenversicherung gibt es zwei wichtige Fragen, die ihr euch schon vor der Geburt eures Kindes stellen solltet:

- Welchen Einfluss hat der Elterngeldbezug auf die Höhe eurer Krankenversicherungsbeiträge?
- Wie werdet ihr euer Kind krankenversichern?

Beiträge während des Elterngeldbezugs

Wenn du in Elternzeit bist oder Elterngeld beziehst, bleibst du grundsätzlich so krankenversichert wie bisher:

- Wenn du gesetzlich krankenversichert bist, bleibst du gesetzlich krankenversichert.
- Wenn du privat krankenversichert bist, bleibt du privat krankenversichert.

Es kann allerdings sein, dass sich deine Krankenkassenbeiträge während des Elterngeldbezugs vorübergehend verändern. Das hängt vor allem davon ab, wie du krankenversichert bist und wie deine aktuelle Einkommenssituation und dein Familienstand ist.

Krankenversicherung	Einkommen während des Elterngeldbezugs	Deine Beiträge zur Krankenversicherung
Gesetzlich pflicht-versichert	Ohne Einkommen	beitragsfrei
Gesetzlich pflicht-versichert	Mit Einkommen	Krankenkassenbeiträge auf das Einkommen
Gesetzlich pflicht-versichert	studierend	Krankenkassenbeiträge wie bisher
Gesetzlich familien-versichert		Weiterhin beitragsfrei

Krankenversicherung	Familienstand	Deine Beiträge zur Krankenversicherung
Freiwillig gesetzlich versichert	Verheiratet und Partner gesetzlich pflichtversichert	Beitragsfrei aufgrund der Familienversicherung
Freiwillig gesetzlich versichert	Verheiratet und Partner freiwillig gesetzlich versichert	Beitragsfrei aufgrund von Antrag auf Beitragsbefreiung in Elternzeit
Freiwillig gesetzlich versichert	Verheiratet und Partner privat versichert	Krankenkassenbeitrag abhängig vom Partnereinkommen
Freiwillig gesetzlich versichert	Nicht verheiratet	Krankenkassenbeitrag (gegebenenfalls verringert), auch ohne Einkommen

Krankenversicherung	Familienstand	Deine Beiträge zur Krankenversicherung
Privat versichert und angestellt oder selbstständig		Krankenkassenbeitrag (gegebenenfalls inkl. Arbeitgeberanteil), auch ohne Einkommen
Privat versichert und verbeamtet		Krankenkassenbeitrag, auch ohne Einkommen, Zuschuss durch Beihilfe

Es gibt ein paar Ausnahmefälle, in denen du voraussichtlich weiterhin Beiträge zur Krankenversicherung zahlen musst, auch wenn du während des Elterngeldbezugs nicht arbeitest und deshalb auch kein Einkommen hast:

- Wenn du freiwillig in einer gesetzlichen Krankenkasse versichert und nicht verheiratet bist
- Wenn du freiwillig gesetzlich versichert bist und dein Partner privat krankenversichert ist
- Wenn du privat krankenversichert bist (als Beamte erhältst du einen Zuschuss von der Beihilfe)

Tipp #1

Informiere dich rechtzeitig bei deiner Krankenkasse, mit welchen Versicherungsbeiträgen du während deiner Elternzeit rechnen musst und ob es von Seiten der Krankenkasse die Möglichkeit gibt, die Beiträge zu reduzieren.

Tipp #2

Einige freiwillig gesetzlich versicherte Mütter, die während des Elterngeldbezugs eigentlich zu Hause bleiben wollten, beginnen mit einer sehr geringen Stundenzahl (zum Beispiel mit fünf oder zehn Stunden pro Woche) wieder zu arbeiten, weil die Krankenkassenbeiträge andernfalls für sie zu hoch sind. Entscheidest du dich für diese Lösung, sind jedoch zwei Dinge zu beachten:

- Dein Arbeitgeber muss mit dieser geringen Stundenzahl einverstanden sein (siehe Seite 49).

- Das Gehalt, das du für die fünf bis zehn Wochenstunden erhältst, führt zu einer Reduzierung des Basiselterngelds. Auf die Höhe des ElterngeldPlus wird es voraussichtlich keinen Einfluss haben.

Insofern empfiehlt es sich, die Gesamtsituation mit ihren einzelnen Kriterien zu beurteilen:

- Ersparnis der Krankenkassenbeiträge
- Gegebenenfalls Reduzierung des Elterngelds
- Einkommen für fünf bis zehn Wochenstunden
- Vorteile oder Nachteile des »kleinen« Wiedereinstiegs
- Betreuungssituation (und gegebenenfalls -kosten) während der Arbeitszeit

<u>Tipp #3</u>

Für angestellte Privatversicherte kann die Elternzeit beziehungsweise eine Teilzeittätigkeit während der Elternzeit aufgrund des verringerten Einkommens eine Möglichkeit bieten, in die gesetzliche Krankenversicherung zu wechseln.

Wenn du allerdings in der privaten Krankenversicherung bleiben möchtest, ist dies natürlich ebenfalls möglich. Informiere dich über die verschiedenen Varianten und prüfe, welche Vorgehensweise für dich die bessere Wahl ist.

<u>Tipp #4</u>

Wenn du nach der Geburt dein Arbeitsverhältnis beendest und kein neues Arbeitsverhältnis eingehst, bist du nicht mehr in Elternzeit. Das kann Auswirkungen auf deine Krankenversicherung und die Beiträge haben.

Wenn du mangels Arbeitsverhältnisses zwar nicht mehr in Elternzeit bist, aber weiterhin Elterngeld beziehst, hat dies keine Auswirkungen auf deine Krankenversicherung und du bleibst in der Regel so versichert wie bisher. Erkundige dich trotzdem vorsichtshalber bei deiner Krankenkasse, um unliebsame Überraschungen zu vermeiden.

Krankenversicherung für das Kind

Sobald es geboren ist, benötigt euer Kind eine Krankenversicherung. Dies erfolgt normalerweise über die Familienversicherung. Grundsätzlich habt ihr die Möglichkeit, euer Kind über den Vater oder über die Mutter zu versichern. Je nachdem, wie ihr versichert seid, entstehen unterschiedliche Kosten.

Krankenversicherung Elternteil 1	Krankenversicherung Elternteil 2	Krankenversicherung des Kindes
Gesetzliche KV	Gesetzliche KV	Kostenfreie Familienversicherung in der gesetzlichen KV
Gesetzliche KV	Private KV	Gesetzliche oder private KV, allerdings nicht kostenfrei (Beihilfe für Beamte)
Private KV	Private KV	Private KV, nicht kostenfrei (Beihilfe für Beamte)

Wenn einer von euch in der gesetzlichen und der andere in der privaten Krankenversicherung ist, muss das Kind in der Regel so versichert werden, wie der Hauptverdiener der Familie versichert ist. Wenn beide Elternteile gleich viel verdienen, habt ihr ein Wahlrecht, in welcher Krankenversicherung ihr euer Kind versichern lasst. Informiert euch frühzeitig über eure Möglichkeiten und lasst euch (am besten neutral) beraten.

AUSWIRKUNGEN AUF DIE RENTENVERSICHERUNG

Wenn du Mitglied der gesetzlichen Rentenversicherung bist, wirkt sich die Geburt deines Kindes positiv auf dein Rentenkonto aus, da Kindererziehungszeiten in der Berechnung der Rentenentgeltpunkte berücksichtigt werden können. Grundsätzlich kann dir Folgendes angerechnet werden:

- bis zu drei Jahre Kindererziehungszeiten und
- bis zu zehn Jahre Kinderberücksichtigungszeiten.

Was sind Kindererziehungszeiten?

Die Rentenversicherung unterstellt, dass du aufgrund der Kindererziehung weniger arbeitest und somit weniger Rentenanspruch erwirbst. Daher sorgt sie für einen Ausgleich und rechnet für Zeiten der Kindererziehung, als ob du Beiträge in die Rentenversicherung eingezahlt hättest.
Ein Jahr Kindererziehungszeit entspricht einem Rentenentgeltpunkt. Das sind laut Angabe der Deutschen Rentenversicherung aktuell etwa 30 Euro Rente pro Monat. Für drei Jahre Kindererziehungszeiten erhältst du also etwa 90 Euro (zusätzliche) monatliche Rente pro Kind.

Was sind Kinderberücksichtigungszeiten?

Kinderberücksichtigungszeiten wirken sich ebenfalls positiv auf die Rente aus: nicht direkt auf die Höhe deiner Rente, aber auf die Mindestversicherungszeit. Sie beginnt am Tag der Geburt und endet nach spätestens zehn Jahren. Das ist besonders für Freiberufler und Selbstständige interessant, die nicht Mitglied in der gesetzlichen Rentenversicherung sind. Durch die Kindererziehungs- und Berücksichtigungszeiten können sie Ansprüche erwerben, die sie zuvor nicht hatten. Auch Mütter, die nicht berufstätig sind, können durch die Kinderberücksichtigungszeiten Rentenansprüche erwerben. Es lohnt sich auf jeden Fall, dies zu prüfen.

Tipp #1

Achtung! Die Kindererziehungs- und Berücksichtigungszeiten werden nicht automatisch zu deinen gesetzlichen Rentenansprüchen dazugerechnet. Du musst dazu bei der Deutschen Rentenversicherung einen Antrag stellen. Das Formular »V0800 Feststellung von Kindererziehungszeiten und Berücksichtigungszeiten wegen Kindererziehung« findest du online unter www.deutsche-rentenversicherung.de.

Tipp #2

Wenn du während dieser drei Jahre Teilzeit arbeitest, erhältst du die drei Jahre Kindererziehungszeiten und die Entgeltpunkte für deine Beiträge aus der Teilzeittätigkeit – Achtung: unter Berücksichtigung der Beitragsbemessungsgrenze.

Tipp #3

Die Kindererziehungszeiten werden grundsätzlich der Mutter zugerechnet. Auf gemeinsamen Antrag hin können diese Zeiten auch (anteilig) dem Vater zugesprochen werden. Dies geht allerdings lediglich zwei Monate rückwirkend. Wenn ihr euch diese Zeiten also teilen möchtet, solltet ihr euch zeitnah darum kümmern.

Tipp #4

Da das Thema Rentenversicherung sehr komplex ist, ist die Geburt eines Kindes ein guter Anlass, eine Klärung deines Rentenkontos vorzunehmen. In diesem Zusammenhang kannst du eventuelle zeitliche Lücken beziehungsweise fehlende Nachweise aus der Vergangenheit nachreichen und die Kindererziehungs- und -berücksichtigungszeiten regeln. Eine Kontenklärung kannst du telefonisch oder online über die Internetseite beantragen. Eine weitere Möglichkeit: Du gehst einfach in das »Service-Zentrum« der Deutschen Rentenversicherung in deinem Wohnort und lässt dich persönlich beraten.

KINDERGELD

Um sicherzustellen, dass alle Eltern die grundlegenden Bedürfnisse ihrer Kinder stillen können, gibt es in Deutschland das Kindergeld.

Dieses wird euch ab der Geburt bis zum 18. Geburtstag (gegebenenfalls auch länger) monatlich von der Familienkasse der Bundesagentur für Arbeit überwiesen.
Das Kindergeld beträgt monatlich 204 Euro. Solltet ihr weitere Kinder planen: Für das dritte Kind erhöht sich das Kindergeld auf 210 Euro, für das vierte Kind auf 235 Euro.
Den Antrag für das Kindergeld kannst du online unter www.arbeitsagentur.de/familie-und-kinder herunterladen und bereits vor der Geburt so weit wie möglich ausfüllen.
Im Kindergeldantrag wird unter anderem die Steueridentifikationsnummer eures Kindes erfragt. Diese wird euch bereits wenige Tage nach der Geburt automatisch mit der Post zugesandt.

VERSICHERUNGEN

Haftpflichtversicherung

Grundsätzlich solltet ihr nach der Geburt eure Haftpflichtversicherung prüfen beziehungsweise die Versicherung über eure Familienerweiterung informieren. Beispielsweise wird euer Vertrag um das Kind erweitert oder auf einen Familientarif umgestellt. Lasst euch von eurer Versicherung beraten, was zu euch am besten passt. In der Regel ist die Vertragserweiterung um ein Kind nicht teuer; der Familientarif häufig sogar vergünstigt.

Riester-Vertrag

Falls du eine private Altersvorsorge mit einem Riester-Vertrag betreibst, kannst du mit der Geburt deines Kindes eine jährliche Kinderzulage von bis zu 300 Euro erhalten. Informiere deinen Versicherungsanbieter über die Geburt deines Kindes und lass dir ausrechnen, wie sich dein jährlicher Mindestbeitrag verändert, um die maximale staatliche Kinderzulage erhalten zu können.

ANMELDUNG DES KINDES

Nach der Geburt habt ihr sieben Tage Zeit, euer Kind beim Standesamt des Geburtsorts anzumelden. Bei einigen Krankenhäusern gehört es zum Service, diesen Behördengang für euch zu übernehmen. Wenn euer Krankenhaus diesen Service nicht anbietet, ist dies vermutlich die Aufgabe des Vaters. Bevor du dich auf den Weg zum Standesamt machst, erkundige dich vorher, wann die Geburtenabteilung des Standesamtes geöffnet hat und welche Unterlagen für die Anmeldung benötigt werden.
Durch die Anmeldung beim Standesamt erhaltet ihr die offizielle Geburtsurkunde (in der Regel erst ein paar Tage später) sowie die Bescheinigungen, die ihr für die Beantragung des Eltern- und Kindergelds und für Krankenkasse und Arbeitgeber benötigt.

Wichtig für unverheiratete Eltern

Bei dieser Gelegenheit noch ein organisatorischer Hinweis für Unverheiratete: Wenn ihr zur Geburt ins Krankenhaus geht, müsst ihr einige »Papiere« mitbringen. Die Krankenhäuser informieren vorab, welche Unterlagen das im Einzelnen sind. Für die Erledigung der Formalitäten (»Geburtsanzeige« durch das Krankenhaus, welche Grundlage für die »Geburtsbeurkundung« durch das Standesamt ist) benötigen Verheiratete unter anderem ihre Heiratsurkunde, Nicht-Verheiratete ihre Geburtsurkunde. Ich habe schon öfter von werdenden, nicht-verheirateten Müttern gehört, dass sie ihre Geburtsurkunde nicht vorliegen hatten und somit (kurzfristig) eine »beglaubigte Abschrift des Geburtsregisters« beim Standesamt ihres Geburtsortes anfordern mussten. Je nach behördlicher Organisation kann dies schnell und einfach gehen oder etwas zeitaufwendiger sein. Ich empfehle, dich frühzeitig zu erkundigen, welche Unterlagen du benötigst und wo du eventuell fehlende Unterlagen besorgen kannst.

GEBURTS-CHECKLISTE

- Geburtsbescheinigung ausstellen lassen
- Geburtsurkunde beim Standesamt beantragen (einige Krankenhäuser übernehmen diesen Vorgang):
  - Kopie eurer Personalausweise*
  - Kopie eurer Geburtsurkunden*
  - Vaterschaftsanerkennung* (Zustimmung der Mutter, Sorgerechtserklärung)
- Kindergeld bei der Familienkasse beantragen:
  - Antrag auf Kindergeld*
  - Geburtsurkunde des Kindes (für den Kindergeldantrag gibt es eine extra Ausfertigung)
  - Steuer-ID-Nummer der Eltern* und des Kindes (wird automatisch per Post zugesandt)
- Krankenversicherung für das Kind beantragen:
  - Antrag der Krankenkasse auf Familienversicherung*
  - Geburtsurkunde des Kindes
- Elterngeld bei der Elterngeldstelle beantragen* (siehe Seite 129)
- Elternzeit beim Arbeitgeber anmelden* (siehe Seite 31)
- Über Geburt des Kindes informieren:
  - eure Arbeitgeber
  - eure Krankenkassen
  - private Rentenversicherung / Riester-Vertrag
  - Haftpflichtversicherung
- Deutsche Rentenversicherung: Ansprüche auf Kindererziehungs- und Berücksichtigungszeiten klären und beantragen

* Die mit (*) versehenen Aufgaben könnt ihr schon vor der Geburt vorbereiten, um nach der Geburt Nerven und Zeit zu sparen.

Kapitel 7

Eure persönliche Situation

KÖNNEN WIR UNS EIN KIND ÜBERHAUPT LEISTEN?

Nach den sehr sachlichen Informationen der vorherigen Kapitel möchte ich an dieser Stelle noch etwas zu der persönlichen, individuellen Situation der werdenden Eltern sagen.

Ein Kind mit Nahrung, Kleidung und Bildung zu versorgen, es zu erziehen und zu begleiten, bis es selbstständig sein Leben in die Hand nehmen kann, kostet viel Geld. Das ist kein Geheimnis. Immer wieder höre ich in diesem Zusammenhang Sätze wie »Ich weiß gar nicht, wie wir uns das leisten können.« Egal, welcher Einkommensschicht Paare angehören, nicht wenige zweifeln immer wieder daran, ob sie den finanziellen Belastungen, die ein Kind mit sich bringt, auch gewachsen sind. »Wie machen die anderen Paare das? Bei ihnen sieht es so einfach aus!«, fragen sie mich immer wieder. Eine pauschale Antwort darauf gibt es nicht.

Ich kenne Paare, die aufgrund ihres Einkommens nach allgemeiner Definition zu den Geringverdienern gehören, die sich aber nach eigener Wahrnehmung als gut verdienend einschätzen und mit Blick auf ihren Lebensstandard und ihre berufliche Situation zufrieden sind. Sie kommen auch mit wenig Geld aus und haben während der Elternzeit nicht das Gefühl von Verzicht. Sie freuen sich, dass sie überhaupt Elterngeld erhalten.

Im Gegensatz dazu gibt es Besserverdiener mit einem fünfstelligen Monatseinkommen, die aber auch ihren Lebensstandard an diese Gehaltsdimension angepasst haben. Sie schmerzt die vorübergehende finanzielle Einschränkung während der Elternzeit umso mehr. Der maximale Elterngeldbetrag von 1 800 Euro monatlich erntet lediglich Kopfschütteln, da er nicht ansatzweise die monatlichen Fixkosten deckt. In diesen Fällen bekommt jeder Monat Elternzeit und jedes wegfallende Monatsgehalt einen anderen Wert.

Insofern hängt die Frage, »wie andere das machen« und sich unter anderem eine längere Elternzeit ohne Arbeit leisten können, von der ganz eigenen, individuellen Situation und Einstellung ab.

Wie ist das bei euch?

- Wie hoch ist euer Lebensstandard? Welche Fixkosten müsst ihr bedienen? Wo könntet ihr euch vorübergehend finanziell einschränken?
- Inwieweit wollt ihr euren Lebensstandard überhaupt verändern? Wie groß ist eure Bereitschaft, euch finanziell einzuschränken?

Überspitzt gesagt, ist es eine Frage der Priorität: Lebensstandard und (Vollzeit-)Gehalt beibehalten oder längere Elternzeit und weniger Einkommen?

Wenn ihr euch gerade den lang ersehnten Wunsch nach einem Eigenheim erfüllt und nun monatliche Darlehensraten zu leisten habt, die auf Grundlage von zwei Gehältern gerechnet wurden, habt ihr natürlich eine andere Ausgangslage als ein Paar, das in einer Mietwohnung im elterlichen Mehrfamilienhaus lebt.

TIPP

Rechnet doch mal aus, wie viel Geld ihr derzeit im Monat ausgebt. Macht eine **Haushaltsrechnung mit euren fixen und variablen Kosten**, den gemeinsamen Ausgaben und den individuellen. Was kommt dabei heraus? Benötigt ihr diesen Betrag auch, wenn ihr in Elternzeit seid? Welche Ausgaben verringern sich möglicherweise? Welche kommen stattdessen hinzu? Welche Einnahmen werdet ihr haben (Gehalt, Elterngeld, Kindergeld)? Was kommt unterm Strich heraus: ein Plus oder ein Minus?

Dazu kommen weitere Fragestellungen, wie zum Beispiel:

- Wie ist eure allgemeine Vermögenssituation? Habt ihr Rücklagen, von denen ihr euren Alltag eine Zeitlang finanzieren könnt (und wollt)?
- Wie teilt ihr als Paar das Geldverdienen und die Kinderbetreuung untereinander auf? Und wie bewertet ihr das finanziell?
- Seid ihr verheiratet und werft das gesamte Einkommen »in einen Topf« oder seid ihr unverheiratet und habt getrennte Kassen?
- Ab wann wollt ihr euer Kind betreuen lassen? Und erhaltet ihr dann überhaupt einen Betreuungsplatz?

Je nach Ergebnis solltet ihr jetzt – während ihr noch zwei Vollzeitgehälter verdient – eure Hausaufgaben machen: Einkommen erhöhen, Ausgaben reduzieren, Rücklagen bilden.

Verteilung der Finanzlast untereinander

Wenn ihr eure Elternzeit geplant habt, werdet ihr wissen, was ihr ungefähr an monatlichem Einkommen und Elterngeld zur Verfügung haben werdet. Ihr werdet auch wissen, wer von euch in welchen Lebensmonaten weiterhin Einkommen und wer Elterngeld bezieht. Möglicherweise werden auch Monate dabei sein, in denen einer von euch kein Einkommen und auch kein Elterngeld erhält. Habt ihr euch schon Gedanken gemacht, wie ihr in dieser Zeit eure Einnahmen und eure Ausgaben untereinander aufteilt?

Nehmen wir das klassische Beispiel an: Du als Mutter bleibst im ersten Lebensjahr eures Kindes zu Hause und beziehst Basiselterngeld. Oder du bleibst sogar zwei Jahre zu Hause und beziehst »nur« ElterngeldPlus (also maximal 900 Euro im Monat). Du als Vater gehst weiterhin Vollzeit arbeiten. Bestreitest du als Vater dann sämtliche Kosten? Teilt ihr euch die Kosten weiterhin 50:50? Oder teilt ihr sie in einem Verhältnis auf, das eurem anteiligen Haushaltseinkommen entspricht?

Es gibt Paare, die in ihrer Kalkulation sogar das entgangene Einkommen der Mutter berücksichtigen, einschließlich theoretischer Gehaltserhöhungen und Rentenbeiträge.
Ob ihr so weit gehen möchtet, bleibt natürlich euch überlassen.
Wichtig für eure gemeinsame Zukunft ist nur, dass ihr beide das Gefühl habt, dass es fair aufgeteilt ist. Das gilt in beide Richtungen. Es gibt Mütter, die sich ärgern, dass ihre Familien- und Hausarbeit unbezahlt ist, und sich eine Kompensation wünschen. Es gibt aber auch Väter, denen die Verantwortung des Alleinverdienens schwerfällt und sich (heimlich) wünschen, dass diese finanzielle Last wieder von beiden getragen wird.
In einigen Kreisen herrscht die Auffassung, dass eine gerechte Verteilung der Aufgaben am besten möglich wird, wenn beide 25 bis 30 Wochenstunden arbeiten. Dies entspricht auch den Gedanken des Elterngeld-Partnerschaftsbonus. In der Realität bin ich bis jetzt nur sehr wenigen Paaren begegnet, die eine solche Aufteilung le-

TIPP

Überlegt euch, was sich für euch beide in Bezug auf die **Verteilung eurer Aufgaben**, aber auch auf die Aufteilung der Finanzlast gut und fair anfühlt. Wie könnt ihr denjenigen finanziell »entschädigen«, der aufgrund der Kinderbetreuung weniger Einkommen hat? Zum Beispiel durch eine geringere Beteiligung an den Haushaltskosten, durch die Übernahme der Beiträge für die private Altersvorsorge, die regelmäßige Einzahlung eines fixen Betrages auf ein Tagesgeldkonto? Das gilt übrigens nicht nur während der Elternzeitmonate, in denen ihr Elterngeld bezieht, sondern auch in der Zeit danach.

ben. Ich wünschte, ich würde mehr kennen. Wenn ihr dazu gehört, schreibt mir gerne eine Mail und berichtet von euren Erfahrungen.

Kontomodelle

Zu der Diskussion über eine gerechte finanzielle Aufteilung während und nach der Elternzeit gehört auch die Frage der Kontomodelle. Dazu möchte ich euch folgende Varianten vorstellen:

- Das Zwei-Konten-Modell: Jeder hat ein eigenes Konto. Ihr teilt untereinander auf, wer für welche Ausgaben zuständig ist.
- Das Drei-Konten-Modell: Jeder behält sein eigenes Konto und zusätzlich habt ihr ein gemeinsames Konto. Hier gibt es zum Beispiel diese zwei Möglichkeiten:
  - Eure Einnahmen gehen weiterhin auf euren eigenen Konten ein und ihr überweist euren (vorher vereinbarten) Anteil der gemeinsamen Kosten auf das gemeinsame Konto. Vom gemeinsamen Konto werden alle Ausgaben gezahlt, die euer gemeinsames Leben betreffen. Was auf euren eigenen Konten verbleibt, steht euch zur eigenen Verwendung zur Verfügung.
  - Oder ihr lasst eure Einnahmen auf das gemeinsame Konto überweisen. Vom gemeinsamen Konto werden alle gemeinsamen Ausgaben bestritten. Was dann übrig bleibt, wird (anteilig oder halbe-halbe) auf beide Konten zur freien Verfügung überwiesen.

Vor allem vom (meist männlichen) Hauptverdiener höre ich häufig die Aussage: Die Diskussion nach gerechter Aufteilung der Einnahmen und Ausgaben ist für uns nicht erforderlich. Wir teilen alles und es wäre nur eine Verschiebung von der rechten in die linke Tasche. Ja, das ist eine mögliche Sichtweise. Eine andere mögliche Sichtweise hat mit Anerkennung und Wertschätzung für diejenige Person zu tun, die ihre Zeit, Arbeit und Energie auf die Familie und das gemeinsame Zuhause konzentriert, ohne eine Umrechnung ihrer Leistung in monetären Werten zu erhalten.

TIPP

Macht euch die Mühe und redet darüber, wie ihr mit **euren Finanzen** umgehen wollt. Fragt euren Partner, wie er darüber denkt, und sprecht über eure eigenen Gedanken und Gefühle. Es kann sehr wertvoll sein, dies jetzt zu tun, wo ihr noch zu zweit seid und diese Situation eher theoretisch beurteilt. Wenn das Baby erst mal da ist, sind möglicherweise weder Zeit noch Energie vorhanden, dieses Thema aufzugreifen.

ELTERNGELD + VÄTER

Immer wieder höre ich von Vätern, die nicht einmal zwei Monate Elternzeit nehmen. Das häufigste Argument ist, dass die Familie sich das finanziell nicht leisten könne. Das zweithäufigste Argument ist, dass dies vom Arbeitgeber nicht gerne gesehen werde.
Hier ist es wert, nachzufragen, ob der Vater denn gerne Elternzeit nehmen möchte oder ob es für ihn Ordnung ist, dass er keine Elternzeit nimmt. Wenn es für ihn in Ordnung ist, kann es gut sein, dass es sich bei den genannten Argumenten eher um Ausreden handelt.
Wenn es jedoch so ist, dass der Vater tatsächlich gerne Elternzeit nehmen möchte, aber wirklich der Meinung ist, dass sich die Familie seine Elternzeit nicht leisten kann, sollten wir ins Gespräch gehen. Genauer hinschauen, an welchen Stellen vorübergehend Ausgaben reduziert werden können oder anderweitig das fehlende Einkommen aufgefangen werden kann.
Nicht selten finden wir die Lösung, dass der Vater vier Monate Elternzeit anmeldet, in dieser Zeit Teilzeit in Elternzeit mit zum Beispiel 28 Wochenstunden arbeitet und ElterngeldPlus bezieht. Je nach

Einkommenssituation können das Teilzeitgehalt und ElterngeldPlus in Summe nur wenige Hundert Euro im Monat weniger ausmachen, dafür hat der Vater vier Monate lang eine 3,5 Tage-Woche.
Kommen wir zum zweiten Argument: Der Arbeitgeber sieht es nicht gerne, wenn Väter Elternzeit nehmen.
Wenn du den Eindruck hast, dass dein Arbeitgeber es nicht gerne sieht, dass du Elternzeit nimmst, dann ist es umso wichtiger, dass du deine Elternzeit ordentlich planst und dich an die gesetzlichen Regeln der Elternzeit hältst (siehe Kapitel zur Elternzeit). Dann bist du gut vorbereitet und kannst in das Gespräch mit deinem Vorgesetzten oder der Personalabteilung gehen. Auch wenn die Argumente deines Arbeitgebers bestimmt nachvollziehbar sind, warum deine Elternzeit für ihn schlecht ist, so ist es dein gutes Recht, die Elternzeit zu nehmen. Zudem hast du nicht nur gegenüber deinem Arbeitgeber eine Pflicht, sondern auch gegenüber deiner Partnerin und deinem Kind. Gerade in den heutigen Zeiten sind die Gleichbehandlung von Männern und Frauen sowie die Vereinbarkeit von Familie und Beruf wichtige Themen, die von der Politik, Gesellschaft und auch immer mehr von den Unternehmen unterstützt werden. Spätestens wenn es um die Darstellung der familienfreundlichen Unternehmenskultur in der Öffentlichkeit geht, ist jedes Unternehmen froh, zumindest eine Handvoll »Vorzeige-Väter« vorweisen zu können. Damit immer mehr Unternehmen erkennen, dass Familienfreundlichkeit nicht nur auf dem Papier stehen sollte, sondern auch im echten Leben ihrer

TIPP

Sucht ergebnisoffen nach Lösungen, wie ihr es euch leisten könnt, beide **Elternzeit** zu nehmen. Diese Chance habt ihr nur einmal im Leben.

TIPP

Überwinde deine Scheu und suche (gut vorbereitet) das **Gespräch mit deinem Arbeitgeber**. Wenn dein Arbeitgeber noch nicht einmal bereit ist, deinem Recht auf Elternzeit zu entsprechen, könntest du dir die Frage stellen, ob es nicht einen familienfreundlicheren Wettbewerber gibt, der einen Mitarbeiter in deinem Fachgebiet besser zu schätzen weiß. Darüber hinaus ermöglicht ein familienfreundlicher Arbeitgeber auch andere Rahmenbedingungen, wie zum Beispiel flexible Arbeitszeiten, ein pünktlicher Feierabend, Option auf Homeoffice, Akzeptanz von Kinderkrankentagen ohne schlechtes Gewissen, fairer Umgang mit Überstunden.

Mitarbeiter gelebt wird, ist jeder Einzelne gefordert, seine Wünsche klar zu kommunizieren und den Kollegen ein positives Beispiel zu geben. Darüber hinaus stellt sich die Frage, wie sich die Beziehung zu diesem Arbeitgeber entwickelt, wenn du die ersten Krankheitstage für dein Kind in Anspruch nimmst.

BETREUUNG

Beim Thema Betreuung treffen Glaubenssätze, unterschiedliche pädagogische Überzeugungen, viele zum Teil uneingestandene Ängste und jede Menge Glück und Pech aufeinander. Möglicherweise bist du während der Schwangerschaft noch sehr unbelastet, was das Betreuungsthema angeht, und offen für verschiedene Betreuungsmodelle. Kaum ist das Baby auf der Welt, ändert sich das nicht selten: Motiviert und beeinflusst durch vorher nicht gekannte Gefühle einer Lö-

wenmutter, eine Veränderung der eigenen Werte und Prioritäten oder durch Erfahrungsberichte anderer Mütter.
Die vorhandenen Betreuungsmöglichkeiten am Wohnort oder am Arbeitsort, die jeweiligen Eingewöhnungs- und Betreuungskonzepte, die Ernährung, Öffnungszeiten, die anderen Familien, der Ruf der Einrichtung, der Außenbereich und weitere Kriterien werden recherchiert und in eine Top-10-Liste der Wunscheinrichtungen gegossen. Spätestens nach den ersten Absagen kehrt die Realität zurück und am Ende freut sich die Familie, überhaupt einen Betreuungsplatz erhalten zu haben.

Betreuungsmöglichkeiten

Grundsätzlich gibt es unterschiedliche Betreuungsmöglichkeiten, die euch zur Verfügung stehen (zum Teil gibt es regionale Unterschiede in Deutschland bei den Bezeichnungen und Formen der Betreuung):

- Kinderkrippe
- Kindertagespflege (Tagesmutter, Tagesvater), allein oder im Verbund
- Kindergarten, Kindertagesstätte
- Betriebliche Kinderbetreuung
- Einrichtungen von unterschiedlichen Trägern: städtische, kirchliche oder private/unternehmerische
- Private Elterninitiativen (dort »dürft« ihr euch in der Regel aktiv einbringen)
- Einrichtungen mit besonderen pädagogischen Konzepten, zum Beispiel Montessori, Waldorf oder Waldkindergarten.

Betreuung für Unter- und Überdreijährige

Es wird unterschieden zwischen

- U3-Betreuung (Betreuung von Kindern unter drei Jahren) und
- Ü3-Betreuung (Betreuung von Kindern über 3 Jahren).

TIPP

In der Regel sind die Chancen am größten, zum Beginn eines Kindergartenjahrs zum 1. August einen **Betreuungsplatz** zu erhalten (je nach Sommerferien und Schließungszeiten der Einrichtung gegebenenfalls auch einige Tage später). Denn dann wechseln die großen Kindergartenkinder in die Schule und die U3-Kinder in die Ü3-Betreuung und machen somit Platz für neue U3-Kinder.

Je nachdem gibt es Unterschiede unter anderem bei der Anzahl und Ausbildung der betreuenden Personen und finanziellen Förderungen. Ob ein Kind mit dem dritten Geburtstag in eine Ü3-Einrichtung wechselt oder erst zum Beginn des nächsten Kindergartenjahrs (in der Regel 1.8.) wird je nach Region und Einrichtung unterschiedlich gehandhabt. Manchmal gilt auch ein vorgezogener Stichtag: beispielsweise alle Kinder, die bis zum 31. Oktober drei Jahre alt werden, dürfen zum neuen Kindergartenjahr in die Ü3-Betreuung aufgenommen werden. Erkundigt euch (nach der Geburt), wie dies in eurem Wohnort beziehungsweise bei den infrage kommenden Einrichtungen gehandhabt wird.

Betreuungskosten

Auch bei den Kosten der Kinderbetreuung gibt es zum Teil große Unterschiede:

- Grundsätzlich sind die Kosten der Betreuung von Kindern unter drei Jahren höher als bei Kindern über drei Jahren.
- Es gibt unterschiedliche Stundenkontingente (zum Beispiel 25, 35 oder 45 Wochenstunden), die zur Verfügung stehen. Nicht alle Einrichtungen bieten alle Stundenkontingente an.

- Jedes Bundesland und jede Kommune hat unterschiedliche Regelungen hinsichtlich der Betreuungskosten. Auch private Träger und Elterninitiativen haben eigene Beitragsstrukturen.
- Die Elternbeiträge sind in der Regel einkommensabhängig und variieren je nach gebuchtem Stundenkontingent. Während einige Städte komplett auf die Elternbeiträge verzichten und somit kostenfreie Kinderbetreuung anbieten, kann es sein, dass die direkte Nachbarstadt Elternbeiträge verlangt.
- Beispiel der monatlichen Betreuungskosten für 45 Stunden für ein zweijähriges Kind bei einem Jahres-Bruttoeinkommen der Eltern von 90000 Euro:
  - Düsseldorf: kostenfrei
  - Essen: 394 Euro
  - Mülheim an der Ruhr: 541 Euro
- Weitere Beiträge für Essen, Bastelmaterialien und eventuelle Zusatzangebote kommen häufig noch hinzu.
- In einigen Bundesländern, Städten und Kommunen gibt es beitragsfreie Zeiten zum Beispiel für Geschwisterkinder oder für das letzte Kindergartenjahr.

TIPP

Erkundigt euch, mit welchen **Betreuungskosten** ihr voraussichtlich kalkulieren müsst. Möglicherweise spielen diese Kosten eine Rolle bei eurem beruflichen Wiedereinstieg und der Stundenzahl eurer Arbeit und der Betreuung.

Eingewöhnung

So unterschiedlich wie die pädagogischen Konzepte der Einrichtungen sind, so unterschiedlich sind auch die Eingewöhnungskonzepte.

Es gibt Einrichtungen, die mehrere Wochen zur Eingewöhnung des Kindes einplanen und die Betreuungszeiten nur ganz langsam aufbauen. Bei anderen Einrichtungen geht es deutlich schneller. Mehrfach habe ich von zügigen (und erfolgreichen) Eingewöhnungen gehört, wenn der Papa in einem seiner Elternzeitmonate die Eingewöhnung übernommen hat, während die Mama sich in Ruhe auf ihren beruflichen Wiedereinstieg konzentriert hat. Könnte das auch für euch funktionieren?

Verlängerung der Elternzeit

Einige Mütter kommen während der Elternzeit zu der Erkenntnis, dass sie ihr Kind doch nicht so früh von einer Einrichtung betreuen lassen möchten, wie sie es ursprünglich geplant hatten. Wenn du dazu gehörst, findest du im Kapitel Elternzeit Informationen zu den Möglichkeiten, die Elternzeit zu verlängern. Gleiches gilt für diejenigen, die keinen Betreuungsplatz erhalten haben und ihren beruflichen Wiedereinstieg verschieben müssen.

Recht auf Betreuung

Theoretisch dürfte es die Situation nicht geben, dass eine Familie keinen Betreuungsplatz findet. Denn in Deutschland haben Eltern einen

TIPP

Die Dauer der **Eingewöhnung** kann einen Einfluss darauf haben, ab wann du wieder arbeiten gehst. Plane die Eingewöhnungsphase vorsichtshalber mit einem Zeitpuffer, damit du weder dich selbst noch das Kind bei der Eingewöhnung unter Druck setzt und deinen Starttermin beim Arbeitgeber zuverlässig einhalten kannst.

Rechtsanspruch auf einen Betreuungsplatz ab dem ersten Geburtstag des Kindes, sofern beide Elternteile berufstätig sind. Dieser Anspruch wird auch bereits erfüllt, wenn eure Stadt oder Kommune euch einen Betreuungsplatz in einer Kindertagespflege (Tagesmutter/-vater) anbietet. Erst ab dem dritten Geburtstag besteht der Rechtsanspruch auf einen Betreuungsplatz in einer Kindertagesstätte. In der Regel wird versucht, eine wohnortnahe Betreuungsmöglichkeit anzubieten. Je nach Versorgungslage kann der Betreuungsplatz jedoch auch mal weiter entfernt liegen. Hier gilt die Frage der Zumutbarkeit und weniger die Frage nach euren persönlichen Wünschen. Dies ist meiner Meinung nach der Hauptgrund, weshalb so viele Eltern so zurückhaltend dabei sind, ihren Rechtsanspruch geltend zu machen.
Nach der Geburt und wenn ihr wisst, ab wann ihr einen Betreuungsplatz benötigt, solltet ihr eurer Stadt beziehungsweise Kommune euren Betreuungsbedarf anmelden. Damit habt ihr noch nicht euren Rechtsanspruch geltend gemacht. Die Bedarfsanmeldung gilt der besseren Planung der Stadt und geht formlos beziehungsweise mit einem von der Stadt vorbereiteten Formular. In der Regel hat die Stadt 6 Monate Zeit, euch einen Platz zu vermitteln.

Anmeldeprozedere

Um es noch komplizierter zu machen: Einige Städte und Kommunen nutzen zentral ein elektronisches Portal, über das ihr euch für einen Betreuungsplatz bei den Einrichtungen eurer Wahl vormerken lassen könnt. In anderen Städten erfolgt die Anmeldung direkt bei den jeweiligen Einrichtungen. Manchmal ist es gewünscht, dass ihr euch persönlich vorstellt, manchmal ist dies explizit unerwünscht.
Versucht einfach, gelassen zu bleiben. Erkundigt euch, wie es in eurer Stadt gehandhabt wird, und schaut auf den Websites der verschiedenen Betreuungseinrichtungen nach, was sie dazu schreiben. Viele bieten auch einen Tag der offenen Tür an, an dem man die Einrich-

tung besichtigen und ein persönliches Gespräch mit den Erziehern führen kann. Wenn ihr bereits Eltern kennt, deren Kind in die jeweilige Einrichtung geht, sind diese ebenfalls gute Informationsquellen oder Empfehlungsgeber.
Abschließend mein wichtigster Tipp: Lasst euch nicht verrückt machen. Auch wenn ihr zunächst nur Absagen erhaltet, könnt ihr bereits wenige Wochen später über ein Nachrückverfahren doch noch einen Platz erhalten. Und überwindet eventuelle Vorurteile gegenüber einzelnen Betreuungseinrichtungen. Aus eigener Erfahrung kann ich von einer zweijährigen Odyssee an Besichtigungs- und Anmeldeterminen berichten, in der wir nur Absagen erhielten. Irgendwann haben wir unsere Bemühungen intensiviert, indem mein Mann (als sich einbringender Vorzeige-Papa) zu Vortragsabenden und Tagen der offenen Tür in die Kindergärten ging. Heute ist es mir sehr unangenehm: Einmal haben wir sogar an unseren bevorzugten Wunschkindergarten eine Weihnachtskarte mit exquisiter Schokolade verschickt. Alles erfolglos. Letztendlich haben wir vor dem dritten Geburtstag unserer Tochter über das Nachrückverfahren einen Platz in einem Kindergarten erhalten, der nach meinem ursprünglichen Kriterienkatalog nicht infrage gekommen wäre. Unser Glück: Meine Tochter ging vier Jahre lang gerne dorthin und auch wir als Eltern waren zufrieden. Was möchte man mehr?

VEREINBARKEIT VON FAMILIE UND BERUF

Im März 2020 wurden von der Bundesregierung die Zahlen des Elterngeldbezugs 2019 veröffentlicht:

- Rund 1,9 Millionen Eltern haben im Jahr 2019 Elterngeld bezogen, davon waren 1,41 Millionen Frauen und 456 000 Männer.
- Die durchschnittliche geplante Bezugsdauer von Basiselterngeld betrug bei Frauen 11,7 Monate und bei den Männern 2,9 Monate.

Diese Zahlen bestätigen, was ich in der Praxis beobachte: Tendenziell bleiben die Mütter länger beim Kind zu Hause und die Väter nehmen nur kurz Elternzeit. Es ist völlig verständlich, dass die meisten Mütter das Bedürfnis haben, sich hauptsächlich um ihr Kind zu kümmern (das war bei mir nicht anders). Die Väter sehen sich in dieser Zeit umso mehr als hauptverantwortliche Geldverdiener.
Diese Aufteilung ist nachvollziehbar und weit verbreitet. Sie birgt nur ein Risiko mit sich: Schneller, als es ihnen bewusst wird, rutschen viele Paare während der Elternzeit in eine Rollenaufteilung, die sie vor der Geburt ihres Kindes nie geplant hatten. Sie gehen als moderne, gleichberechtigte Paare in den Kreißsaal und ein Jahr später ist es plötzlich die Frau, die hauptverantwortlich für das Kind, den Haushalt, die Wäsche und die Nahrungsbeschaffung zuständig ist. Daraus entwickeln sich nicht selten eine schleichende Unzufriedenheit innerhalb der Partnerschaft, eine ungesunde Mehrfachbelastung der Frau, mentale Überlastung oder weniger berufliche Motivation aufgrund von fehlender Energie, eingeschränkten Rahmenbedingungen oder geringerem Selbstbewusstsein.
Eine Chance, die Rollen der Paare wieder neu aufzuteilen und zu alter Augenhöhe zurückzufinden, bieten der berufliche Wiedereinstieg der Frau und die Elternzeit des Mannes. Ich höre immer wieder, dass auch Frauen in verantwortungsvollen und gut bezahlten Jobs von einem eklatanten Ungleichgewicht bei der Verteilung der Care-Arbeiten innerhalb der Partnerschaft sprechen, die man im Jahr 2020 nicht vermutet hätte. Dass der Vater das Kind nicht füttern könne. Er möchte es nicht wickeln. Er wisse nicht, wo die Kleidung des Kindes ist oder was er dem Kind beim aktuellen Wetter anziehen könne. Ja, er könne es morgens in die Kita bringen, aber nur, wenn es bereits fertig gefüttert und angezogen sei. Diese Aufzählung könnte ich beliebig fortführen. Das mache ich aber nicht, weil ihr die Chance habt, es besser zu machen.

Die Erfahrung zeigt, dass Paare sich die Care-Arbeit deutlich gerechter teilen, wenn der Vater zumindest zwei Monate Elternzeit genommen hat und idealerweise auch mindestens einen Monat davon mit dem Kind zu Hause war, während die Mutter gearbeitet hat. Dieser Rollentausch führt zu mehr Verständnis für den anderen und der Erkenntnis, dass eine klare (und von beiden als gerecht wahrgenommene) Aufteilung die Voraussetzung dafür ist, dass beide glücklich und zufrieden mit ihrem neuen Leben als Familie sind.
Die Vereinbarkeit von Familie und Beruf ist in der Realität nicht immer so einfach, wie sie gerne dargestellt wird. Dennoch ist es nicht unmöglich, Kind und Beruf unter einen Hut zu bringen. Im Gegenteil, es gibt verschiedene Faktoren, die beeinflussen können, wie schwer oder leicht sich euer Alltag anfühlt. Die folgenden Fragen aus der Berufswelt und dem Privaten sind als Anregungen gedacht und sollen euch motivieren, euer Leben bewusst so zu gestalten, dass Berufsleben und Familienalltag harmonieren.

Wie familienfreundlich ist deine Arbeit?

- Ermöglichen deine Arbeitszeiten, dass du morgens dein Kind in die Betreuung bringen und mit gutem Zeitpuffer mittags/nachmittags abholen kannst?
- Habt ihr flexible Arbeitszeiten, sodass ihr euch mit der Betreuung bzw. dem Bringen und Abholen abwechseln könnt?
- Wie häufig sind Dienstreisen erforderlich? Schafft der Partner den Alltag mit dem Kind oder benötigt er weitere Unterstützung?
- Könnt ihr regelmäßig oder zumindest in Ausnahmefällen von zu Hause aus arbeiten?
- Wie weit sind die Fahrtwege zur Arbeit und zur Betreuung?
- Falls du unzufrieden bist oder deine Arbeit wenig familienkompatibel ist, wie ernsthaft bemühst du dich um eine Verbesserung

TIPP

Überlegt euch frühzeitig, wie ihr beide euch sowohl um die familiären als auch beruflichen Aufgaben kümmern könnt. Findet Lösungen, die für beide die **Vereinbarkeit von Familie und Beruf** ermöglichen. Das Recht auf Teilzeit in Elternzeit gilt für Frauen und Männer gleichermaßen.

(entweder im eigenen Unternehmen oder durch einen Jobwechsel, ggf. sogar in eine andere Branche)?

Organisatorisches zu Hause und in der Familie

- Wie teilt ihr die Haus- und Familienarbeit untereinander auf? Wer kümmert sich ums Einkaufen, wer ums Kochen? Wer kümmert sich um die Wäsche, wer putzt und wer räumt auf? Wer ist für den Müll zuständig? Macht ihr alles gemeinsam oder bekommt jeder von euch feste Aufgaben zugeordnet?
- Welche Aufgaben könnt ihr delegieren, um euch im Alltag zu entlasten? Habt ihr eine Putzfrau? Könnt ihr eure Lebensmittel bestellen und nach Hause liefern lassen? Bringt ihr Hemden und Blusen in die Reinigung und lasst sie bügeln?
- Wer von euch kümmert sich um Termine, Geburtstage und das Besorgen von Geschenken, Spielverabredungen und so weiter?
- Welche Verwandten oder guten Freunde können sich (regelmäßig) ums Kind kümmern, damit auch ihr Zeit für euch habt (gemeinsam und jeder für sich)?
- Wie könnt ihr euren Alltag vereinfachen (im Haushalt, in der Kommunikation oder bei den Freizeitaktivitäten)? Kennt ihr das Pareto-Prinzip, das besagt, dass 80 Prozent des gewünschten Ergebnisses mit 20 Prozent des Zeitaufwands erreicht werden?

Kapitel 8

Kurz und knapp im Überblick

In diesem Kapitel findet ihr noch einmal die wichtigsten Stichpunkte zu allen relevanten Themen rund um Elternzeit und Elterngeld, damit ihr die gesuchten Informationen schnell findet.

DAS WICHTIGSTE ZUM MUTTERSCHUTZ

- Alle angestellten Frauen haben Anspruch auf Leistungen nach dem Mutterschutzgesetz.
- Die Mutterschutzfrist umfasst sechs Wochen vor der Geburt und acht Wochen nach der Geburt (plus zusätzliche vier Wochen bei Mehrlings- und Frühgeburten).
- Während der Mutterschutzfrist bekommt jede Frau Mutterschaftsleistungen von der Krankenkasse und einen Zuschuss vom Arbeitgeber. Der Betrag entspricht dem Nettoeinkommen der letzten drei Monate vor Beginn des Mutterschutzes.
- Die Mutterschaftsleistungen nach der Geburt werden wie Basiselterngeldbezug gezählt.
- Für weitere Details siehe Checkliste Mutterschutz und Mutterschaftsgeld ab Seite 26.

DAS WICHTIGSTE ZUR ELTERNZEIT

- Jedem Elternteil stehen drei Jahre Elternzeit bis zum achten Geburtstag des Kindes zu.
- Elternzeit (auch mehrere Zeiträume) innerhalb der ersten beiden Jahre immer zusammen anmelden.
- Die Anmeldung beim Arbeitgeber muss spätestens sieben Wochen vor Beginn der Elternzeit (nach dem dritten Geburtstag bereits 13 Wochen vorher) erfolgen.

- Elternzeit ist vom Datum frei wählbar, sollte aber möglichst mit Elterngeld-Lebensmonaten (siehe Seite 62) übereinstimmen.
- Für weitere Details siehe Checkliste Elternzeit Seite 59.

DAS WICHTIGSTE ZUM ELTERNGELD

- Elterngeldbezug ist möglich für einen Zeitraum von zwölf (oder 14) Monaten Basiselterngeld oder von 24 (oder 28) Monaten ElterngeldPlus.
- Der Partnerschaftsbonus bedeutet vier zusätzliche Monate Elterngeld, wenn beide Partner in denselben vier Monaten am Stück 25 bis 30 Wochenstunden arbeiten.
- Im Bemessungszeitraum vor der Geburt möglichst viel Einkommen generieren, um ein möglichst hohes Elterngeld zu erhalten.
- Im Bezugszeitraum möglichst wenig oder kein Einkommen beziehen, da sich sonst das Elterngeld reduziert.
- Für weitere Details siehe Checklisten Elterngeldplanung Seite 126 und Elterngeldantrag Seite 140.

DAS WICHTIGSTE FÜR ANGESTELLTE

- Der Elterngeld-Bemessungszeitraum umfasst für die Mutter die zwölf Monate vor dem Monat, in dem der Mutterschutz beginnt, und für den Vater die zwölf Monate vor dem Monat der Geburt.
- Einkommen während des Elterngeldbezugs beachten, da sonst eine Reduzierung des Elterngelds die Folge sein kann (ElterngeldPlus in der Regel günstiger als Basiselterngeld).
- Wiedereinstieg ist als Teilzeit in Elternzeit (bei Elternzeitanmeldung angeben), befristete Teilzeit oder Brückenteilzeit möglich.

DAS WICHTIGSTE FÜR SELBSTSTÄNDIGE

- Während des Elterngeldbezugs sind maximal 30 Wochenstunden Arbeitszeit möglich (keine Elternzeit).
- Der Bemessungszeitraum umfasst das abgeschlossene Kalenderjahr vor der Geburt.
- Im Bezugszeitraum die Einnahmen genau planen und möglichst gering halten.
- Wichtig: Zuflussprinzip bei Einnahmen-Überschuss-Rechnung oder Realisationsprinzip bei Bilanz.
- Den Elterngeldantrag zusammen mit der Erklärung für Selbstständige abgeben.

DAS WICHTIGSTE FÜR ALLEINERZIEHENDE

- Du kannst über 14 Monate Basiselterngeld (also inklusive Partnermonate) und Partnerschaftsbonus verfügen.
- Voraussetzung ist die Steuerklasse 2 beziehungsweise ein Entlastungsbetrag nach §24b Absatz 1 und 2 EstG; der andere Elternteil lebt nicht im gemeinsamen Haushalt und auch nicht mit dem Kind zusammen.
- Zusammen mit dem Elterngeldantrag die Erklärung für Alleinerziehende abgeben.

DAS WICHTIGSTE BEI ZWILLINGEN

- Jedem Elternteil stehen pro Zwilling drei Jahre Elternzeit zur Verfügung, also für Mutter und Vater jeweils sechs Jahre.

- Es gibt einen Mehrlings-Zuschlag von 300 € zum Basiselterngeld beziehungsweise 150 € zum ElterngeldPlus.

DAS WICHTIGSTE FÜR KIND NUMMER 2

- Beim Bemessungszeitraum ist das Ausklammern von Monaten bei Mutterschaftsleistungen oder Elterngeld für das erste Kind bis einschließlich 14. Lebensmonat möglich.
- Geschwisterbonus wird gewährt, solange die Voraussetzung besteht: Im Haushalt lebt ein Geschwisterkind unter drei Jahren oder zwei Geschwisterkinder unter sechs Jahren oder ein Geschwisterkind mit Behinderung bis 14 Jahre. Der Bonus beträgt zehn Prozent (mindestens 75 EUR) des Basiselterngelds beziehungsweise bei ElterngeldPlus mindestens 37,50 EUR.
- Anrechnung von Mutterschaftsleistungen und Elterngeldbezug, das heißt, wenn noch Elterngeld für Kind 1 bezogen wird, beträgt das Elterngeld für Kind 2 in der Regel nur den Mindestsatz (300 € beim Basiselterngeld beziehungsweise 150 € beim ElterngeldPlus). Lösung: Vor der Geburt von Kind 2 nachträgliche Rückumwandlung von ElterngeldPlus-Monaten in Basiselterngeldmonate, um diese aufzubrauchen.
- Zu Beginn der Mutterschutzfrist von Kind 2 Elternzeit von Kind 1 unterbrechen, damit Mutterschutzleistungen von Kind 2 in gleicher Höhe wie bei Kind 1 bezogen werden können.

DAS WICHTIGSTE VOR DER GEBURT

- Das Mutterschaftsgeld rechtzeitg vor der Geburt bei der Krankenkasse beantragen.

- Die Elternzeit (gegebenenfalls auch ungefähren Zeitpunkt des beruflichen Wiedereinstiegs) planen und mit Partner und Arbeitgeber absprechen.
- Den Elterngeldbezug planen.
- Ein Steuerklassenwechsel bei Verheirateten lohnt sich nur direkt zu Beginn der Schwangerschaft.
- Im Bemessungszeitraum möglichst viel verdienen.

DAS WICHTIGSTE NACH DER GEBURT

- Elternzeitanmeldung beim Arbeitgeber einreichen (sieben Wochen vor Beginn der Elternzeit, für die Mutter also schon eine Woche nach der Geburt).
- Elterngeldantrag bei der Elterngeldstelle einreichen.
- Kindergeldantrag bei der Familienkasse der Bundesagentur für Arbeit einreichen.
- Kind beim Standesamt anmelden (innerhalb von sieben Tagen nach der Geburt).
- Arbeitgeber und Krankenkasse über die Geburt informieren.
- Für weitere Details siehe Checkliste für die Tage nach der Geburt Seite 157.

DAS WICHTIGSTE FÜR GERINGVERDIENER

- Das Elterngeld ist höher als die üblichen 65 Prozent vom Nettoeinkommen. Es kann (je nach Einkommenshöhe) bis zu 100 Prozent des Nettoeinkommens vor der Geburt betragen.
- Bei nicht vorhandenem Einkommen im Bemessungszeitraum wird der Mindestbetrag an Elterngeld gezahlt.

- Familien mit kleinem Einkommen haben gegebenenfalls Anspruch auf den Zuschlag zum Kindergeld (»KiZ«) von bis zu 185 EUR pro Kind und Monat. Ob ihr die Voraussetzungen für den Kinderzuschlag erfüllt und wie hoch er in eurem Fall voraussichtlich ist, könnt ihr unter diesem Link ermitteln: www.arbeitsagentur.de/familie-und-kinder/kiz-lotse.
- Wer den Kinderzuschlag erhält, hat auch Anspruch auf Bildungs- und Teilhabeleistungen (zum Beispiel Befreiung von Kitagebühren, kostenloses Mittagessen in Kindergarten und Schule, Schulbedarfspaket von 150 EUR pro Schuljahr). Ebenfalls Anspruch auf Bildungs- und Teilhabeleistungen hat, wer Grundsicherung für Arbeitssuchende (Arbeitslosengeld II oder Sozialgeld), Sozialhilfe oder Wohngeld bezieht.
- Wohngeld ist ein Zuschuss zur Miete oder zu den Kosten von selbst genutztem Wohneigentum. Die Höhe des Wohngelds hängt ab von der Anzahl der Personen, die in der Wohnung leben, ihrem Einkommen und der Höhe der Miete. Unter www.bmi.bund.de gibt es einen Wohngeldrechner, der prüft, ob und wie viel Wohngeld euch voraussichtlich zusteht.

ABSCHLIESSENDE WORTE

Dieses Buch trägt den Untertitel »Wie sich werdende Eltern perfekt vorbereiten«. Es soll euch helfen, die für euch relevanten Informationen zu kennen und zu verstehen, um bereits während der Schwangerschaft die Zeit nach der Geburt eures Kindes finanziell und beruflich bestmöglich für euch zu planen.

Die Planung hat das Ziel, dass ihr eure Zukunft aktiv nach euren individuellen Wünschen, Bedürfnissen und Vorstellungen gestalten könnt. Um Lösungen zu finden, die zu euch und eurem Leben passen. Damit ihr ein gutes Gefühl von Sicherheit, Klarheit und Perspektive habt. Und um gut informiert und vorbereitet in die Verhandlungen mit euren Arbeitgebern gehen und eure Rechte einfordern zu können. Was bei all dieser Planung allerdings fehlt, ist ein wesentlicher Einflussfaktor, den wir bei der Vorbereitung nicht berücksichtigen können: euer Kind.

Ich selbst musste nach der Geburt meiner Tochter Eines als Allererstes lernen: Ein Kind hat eine eigene Persönlichkeit, einen eigenen Willen und ganz eigene Bedürfnisse. Das Kind gibt von der ersten Sekunde an den Takt vor. Die sich daraus ergebende Fremdbestimmung ist für viele Eltern eine Überraschung, die erfahrungsgemäß so nicht eingeplant wird.

Es gibt Kinder, die »gut funktionieren«. Die freiwillig ihren Mittagsschlaf machen, sich mit einem halben Jahr abstillen lassen und ihren Brei essen, nachts durchschlafen und gerne von anderen als ihren Eltern betreut werden. Es gibt aber auch sehr viele Kinder, die eben nicht einfach so »funktionieren« und deren Bedürfnisse nicht immer zu den Plänen ihrer Eltern passen.

Das ist häufig anstrengend. Für die Entwicklung des Kindes und die Zufriedenheit aller ist es allerdings gut und wichtig, seine Bedürfnisse (und mittelfristig auch wieder die Bedürfnisse aller Familienmitglieder) im Blick zu haben und zu berücksichtigen. Ich bin überzeugt, dass sich das langfristig für das Familienglück auszahlt. Insofern macht euch Gedanken über die kommenden Monate und Jahre, redet darüber und schmiedet Pläne. Aber bleibt dabei flexibel und seid auch bereit, eure Pläne zu überdenken und bei Bedarf anzupassen. Agiles Management ist angesagt.

Ich wünsche euch viel Glück und Freude dabei sowie jede Menge Liebe für eure kleine Familie.

Eure Verena

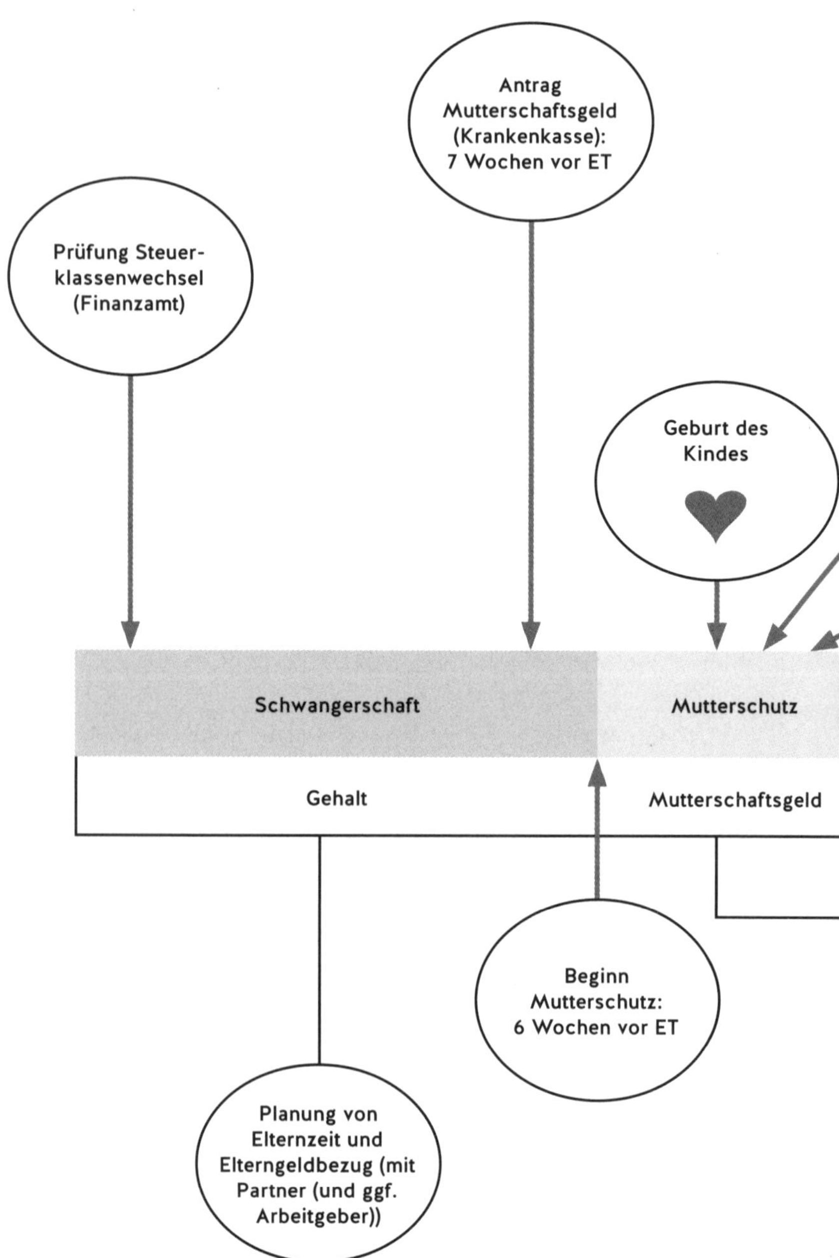
Antrag
Mutterschaftsgeld
(Krankenkasse):
7 Wochen vor ET
Prüfung Steuer-
klassenwechsel
(Finanzamt)
Geburt des
Kindes
Schwangerschaft
Mutterschutz
Gehalt
Mutterschaftsgeld
Beginn
Mutterschutz:
6 Wochen vor ET
Planung von
Elternzeit und
Elterngeldbezug (mit
Partner (und ggf.
Arbeitgeber))

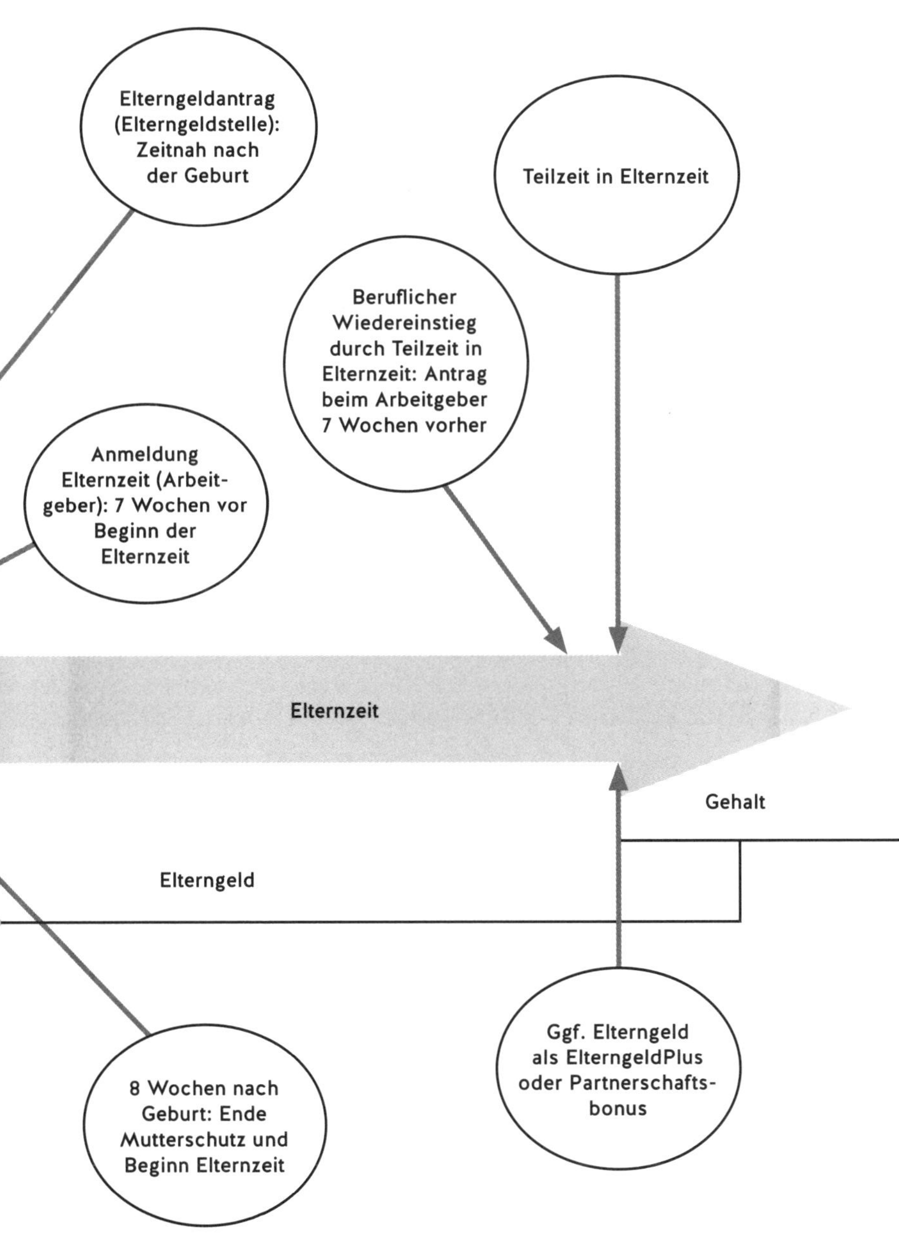
Elterngeldantrag (Elterngeldstelle): Zeitnah nach der Geburt
Teilzeit in Elternzeit
Beruflicher Wiedereinstieg durch Teilzeit in Elternzeit: Antrag beim Arbeitgeber 7 Wochen vorher
Anmeldung Elternzeit (Arbeit-geber): 7 Wochen vor Beginn der Elternzeit
Elternzeit
Gehalt
Elterngeld
Ggf. Elterngeld als ElterngeldPlus oder Partnerschafts-bonus
8 Wochen nach Geburt: Ende Mutterschutz und Beginn Elternzeit

Adressen, die weiterhelfen

Bei Fragen zu Elternzeit und/oder Elterngeld

Das Servicetelefon des Bundesfamilienministeriums erreichst du unter der Telefonnummer 030 – 20 17 91 30 oder per E-Mail unter info@bmfsfjservice.bund.de.

Weitere Informationen gibt es auf der Website des Bundesministeriums für Familie, Senioren, Frauen und Jugend unter www.bmfsfj.de. Hier findest du

- die Broschüre »Leitfaden zum Mutterschutz«
- weitere Informationen zu Familienleistungen

Unter www.familienportal.de findest du

- die Broschüre »Elterngeld, ElterngeldPlus und Elternzeit« des Bundesministeriums für Familie, Senioren, Frauen und Jugend zur kostenfreien Bestellung oder als Download
- den Elterngeldrechner zur ausführlichen Berechnung mit Planer
- verschiedene Formulare zur Beantragung von Elterngeld

Wichtige Gesetze (Auswahl)

- Gesetz zum Elterngeld und zur Elternzeit (Bundeselterngeld- und Elternzeitgesetz – BEEG)
  Online aufrufbar unter www.gesetze-im-internet.de/beeg/
- Gesetz zum Schutz von Müttern bei der Arbeit, in der Ausbildung und im Studium (Mutterschutzgesetz – MuSchG)
  Online aufrufbar unter www.gesetze-im-internet.de/muschg_2018/
- Gesetz über Teilzeitarbeit und befristete Arbeitsverträge (Teilzeit und Befristungsgesetz – TzBfG)
  Online aufrufbar unter www.gesetze-im-internet.de/tzbfg/
- Gesetz zur Weiterentwicklung des Teilzeitrechts – Einführung einer Brückenteilzeit
  Online aufrufbar unter www.bmas.de/DE/Service/Gesetze/brueckenteilzeit.html

Für Beamte gelten die jeweiligen Bundes- und Landesverordnungen, unter anderem

- Verordnung über den Mutterschutz für Beamtinnen des Bundes und die Elternzeit für Beamtinnen und Beamte des Bundes (Mutterschutz- und Elternzeitverordnung – MuSchEltZV) Online aufrufbar unter www.gesetze-im-internet.de/muscheltzv/BJNR032010009.html
- die Urlaubsverordnungen des jeweiligen Bundeslandes

Über die Autorin

Weitere Informationen und Kontaktaufnahme unter
www.bambini-und-business.de
Facebook: www.facebook.com/bambiniundbusiness/
Instagram: www.instagram.com/bambiniundbusiness_verenadias

Rechtliches | Haftungsausschluss

Abschließend möchte ich ausdrücklich darauf hinzuweisen, dass dieses Handbuch allgemeine Tipps, Anregungen und Erklärungen geben möchte, die euch als werdende Eltern bei der Planung eurer Elternzeit, eurem Elterngeld und den vielen weiteren kleinen und großen Themen helfen sollen. Bitte habt Verständnis, dass dieses Buch weder Rechtsauskunft noch rechtliche Ratschläge oder individuelle Beratung geben kann. Trotz sorgfältigster Recherche übernehmen der Verlag und ich als Autorin keine Gewähr für die Aktualität, Korrektheit und Vollständigkeit der Inhalte sowie für Druckfehler. Eine juristische Verantwortung oder Haftung für fehlerhafte Angaben und daraus entstandene Folgen sind ausgeschlossen. Gleiches gilt für jegliche Rechts- und Schadensersatzansprüche.

Register

F

G

H

K

L

M

DIE WERDEN SIE AUCH LIEBEN.

ISBN 978-3-8338-7423-9

ISBN 978-3-8338-7219-8

ISBN 978-3-8338-6261-8

ISBN 978-3-8338-0067-1

Auch als eBook erhältlich.

Mehr von GU auf **www.gu.de** und **facebook.com/gu.verlag**

Impressum

Projektleitung: Petra Bradatsch, Ariane Hug
Lektorat: Margarethe Brunner
Korrektorat: Dr. Rainer Schöttle
Layout- und Umschlaggestaltung: independent Medien-Design GmbH, Horst Moser, München
Herstellung: Susanne Fuhrmann
Satz: Christopher Hammond
Repro: Longo AG, Bozen
Druck und Bindung: C.H. Beck, Nördlingen

Bildnachweis
Cover: GettyImages
Autorenfoto: © privat
Illustrationen: © Claudia Lieb

ISBN 978-3-8338-7567-0

1. Auflage 2020

Die GU-Homepage finden Sie unter www.gu.de

Ein Unternehmen der
GANSKE VERLAGSGRUPPE

www.facebook.com/gu.verlag

LIEBE LESERINNEN UND LESER,
wir wollen Ihnen mit diesem Buch Informationen und Anregungen geben, um Ihnen das Leben zu erleichtern oder Sie zu inspirieren, Neues auszuprobieren. Wir achten bei der Erstellung unserer Bücher auf Aktualität und stellen höchste Ansprüche an Inhalt und Gestaltung. Alle Anleitungen und Rezepte werden von unseren Autoren, jeweils Experten auf ihren Gebieten, gewissenhaft erstellt und von unseren Redakteuren/innen mit größter Sorgfalt ausgewählt und geprüft.

Haben wir Ihre Erwartungen erfüllt? Sind Sie mit diesem Buch und seinen Inhalten zufrieden? Haben Sie weitere Fragen zu diesem Thema? Wir freuen uns auf Ihre Rückmeldung, auf Lob, Kritik und Anregungen, damit wir für Sie immer besser werden können. Und wir freuen uns, wenn Sie diesen Titel weiterempfehlen, in Ihrem Freundeskreis oder bei Ihrem online-Kauf.

Sollten wir Ihre Erwartungen so gar nicht erfüllt haben, tauschen wir Ihnen Ihr Buch jederzeit gegen ein gleichwertiges zum gleichen oder ähnlichen Thema um.

KONTAKT
GRÄFE UND UNZER VERLAG
Leserservice
Postfach 86 03 13
81630 München
E-Mail: leserservice@graefe-und-unzer.de
Telefon: 00800 / 72 37 33 33*
Telefax: 00800 / 50 12 05 44*
Mo-Do: 9.00-17.00 Uhr
Fr: 9.00-16.00 Uhr (*gebührenfrei in D,A,CH)

Wichtiger Hinweis
Die Gedanken, Methoden und Anregungen in diesem Buch stellen die Meinung bzw. Erfahrung der Verfasserin dar. Sie wurden von der Autorin nach bestem Wissen erstellt und mit größtmöglicher Sorgfalt geprüft. Sie bieten jedoch keinen Ersatz für persönlichen kompetenten Rat. Jede Leserin, jeder Leser ist für das eigene Tun und Lassen auch weiterhin selbst verantwortlich. Weder Autorin noch Verlag können für eventuelle Nachteile oder Schäden, die aus den im Buch gegebenen praktischen Hinweisen resultieren, eine Haftung übernehmen.